宁波文化丛书

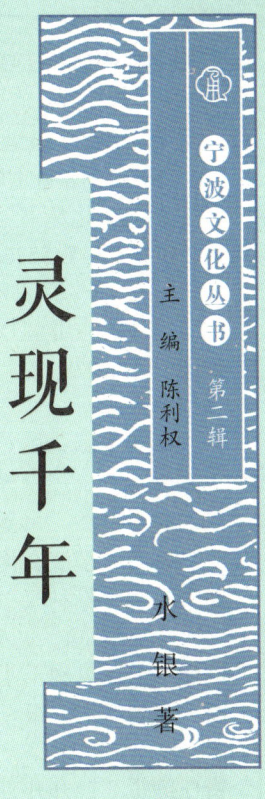

灵现千年

宁波老江桥史话

宁波文化丛书 第二辑

主编 陈利权

水银 著

宁波出版社

图书在版编目（CIP）数据

灵现千年：宁波老江桥史话 / 水银著. —宁波：宁波出版社，2017.10（2018.11重印）
（宁波文化丛书. 第2辑）
ISBN 978-7-5526-2747-3

Ⅰ.①灵… Ⅱ.①水… Ⅲ.①古建筑—桥—史料—宁波 Ⅳ.① K928.78

中国版本图书馆 CIP 数据核字（2016）第 300486 号

丛 书 名	宁波文化丛书·第二辑
丛书主编	陈利权
本册书名	灵现千年：宁波老江桥史话
著　　者	水　银
责任编辑	钱升升
责任校对	尤佳敏　李　强
装帧设计	金字斋
出版发行	宁波出版社
地　　址	宁波市甬江大道1号宁波书城8号楼6楼
邮　　编	315040
网　　址	http://www.nbcbs.com
电　　话	0574-87264975（编辑部）
印　　刷	宁波白云印刷有限公司
开　　本	710毫米×1000毫米　1/16
印　　张	10.5
字　　数	160千
版　　次	2017年10月第1版
印　　次	2018年11月第2次印刷
标准书号	ISBN 978-7-5526-2747-3
定　　价	27.00元

（版权所有　翻印必究）

图书若有倒装缺页影响阅读，请与出版社联系调换。电话：0574-87248279

本书系宁波市文化研究工程项目

总序

唤醒宁波的文化之魂

◎ 何 伟

（一）

中国的古城实在不少，若论我国沿海最早的文化古城，只要稍稍具备历史地理的眼光，都会聚焦宁波——中国大陆海岸线的中点。

这座从远古走来的名城，河姆古渡的骨哨一吹就是七千年，展开了一幅幅风云际会的历史长卷。翻开谭其骧先生主编的《简明中国历史地图集》，不难发现宁波在我国沿海各大城市中的"早熟"：当宁波沐浴河姆渡的文明曙光时，我国海岸线上的先民基本还处于文明的空白处；当宁波先秦时期设县建制，广州还是邻近番禺的宁静村庄；当宁波唐代建州（相当于今天的地级市），已是"海外杂国，贾舶交至"的繁华城市，此时的上海还只是一个海滨渔村；宋代的宁波已是我国闻名国际的四大港口城市之一，天津还是名不见经传的一片滩涂；及至近代宁波作为"五口通商"被迫开埠，青岛、大连等城镇化才刚刚起步，更不必说改革开放后才崛起的深圳了。

如此"炫耀"的类比，无意仰己抑人。只想说明，以商城闻名的宁波，其实是隐身的文化重镇。其文化价值和地位，显然是被低估了。仅以中华文明源头之一的河姆渡为例：其制陶、稻谷和干栏式建筑的发现，修正了我国学术界总把黄河流域作为中华民族的唯一摇篮的定论,确认了长江流域是中华民族另一个发源地。其出土的代表海上活动的六支桨,印证了宁波先民是我国"海上丝绸之路"的先驱,为我国台湾和太平洋岛屿的文化作出历史性的贡献。澳大利亚悉尼市迪米蒙地电影制片公司在20世纪80年代拍摄了一部记录太平洋沿岸历史的影片,其序幕就是从河姆渡开篇的。

宁波文化矿藏的丰富性和不凡品质,还在于这里是海上丝绸之路的起源地之一,中国大运河的出海口之一,沿海城市中建城的起源地之一,金融史上我国钱庄的发源地之一,海运史上造船和航海的发源地之一……总之,宁波文化是整个中国文化经络中一个很关键的穴位。宁波的历史区域文化,犹如一座丰盈的藏书楼,在文化复兴的聚光灯下,亟须整理与传播。

宁波历史文化何其久也,宁波地域文化何其丰也,先贤前辈们已经为宁波开辟出了一块文化沃土。每念及此,作为祖籍宁波、生活于宁波的我,不禁对家乡深厚的文化遗产肃然起敬。可是,在今天追赶现代化国际港口城市的目标时,有多少宁波人还记得曾经的灿烂?又有多少人了解宁波往昔的辉煌?

(二)

区域文化研究的兴盛和传承,是近年来国内学界的独特景观,既得益于文化的复兴,又受到区域发展竞争的推动。齐鲁文化,燕赵文化,三晋文化,巴蜀文化,吴越文化,荆楚文化,岭南文化,等等,不一而足。这股热潮也波及作为吴越文化分支之一的宁波文化。

某种文明的价值观、思维方式和风俗习惯等,根本上是由地缘自然条件所决定的。文明所处的地缘环境与精神性格之间有着必然的因果关系。法国历史学家布罗代尔认为,影响一个文明的精神气质最根本的因素,是地理条件和自然环境,换成老百姓的说法,就是"一方水土养一方人"。

宁波地处东海之滨,三面环山,潮汐出没的宁绍平原居中,多类型地貌孕育出姚江、奉化江、甬江流贯其中,江河湖海点缀其间,构成了宁波"经原纬隰,枕山臂江"的地理特征。"南通闽广,东接倭人,北距高丽,商舶往来,物货丰溢。"(宝庆《四明志》)"自宋以来,礼俗日盛,家诗户书,科第相继,间占首选,衣冠人物甲于东南。"(成化《宁波府志》)

文化早熟的宁波好比一个内敛聪慧的智者,有外貌形象,有性格气质,也有个性脾气。发源于四明,耸立于三江,兼得中西交汇之利,倚其7000年的文明发展,塑造了一整套属于自己的优秀文化符号、习俗和精神,说得洪亮一点,叫作"宁波文明"。

每一个城市都有自己的来龙去脉,每一座城市都有独特的文化符号。宁波的文化特质,如果要用极精简的字词来表达,就是"江海"和"商贾"。水路交通和商帮文化是阅读宁波风云际会悠长岁月的两个关键词。伸展开来,从类型看,有海洋文化、农耕文化、港口文化、海防文化;从特质看,有商帮文化、耕读文化、工匠文化、饮食文化;从思想看,有浙东文化、佛教文化;从文人看,名儒硕彦,人文荟萃,有南宋的心学先贤"甬上四先生",有先生之风山高水长的严子陵、知行合一的心学大师王阳明、开启日本明治维新的导师朱舜水、工商皆本的民本思想家黄宗羲……正可谓千年古城,百年风云,几度沉浮,气血不衰,乃文化之力也。

(三)

一座城市的持久吸引力,不在林立高楼,而在文化气质。让城市站立不衰的,是文化"软实力"。表面上看,决定城市差异的是经济,骨子里是文化。今观神州,仰赖房地产狂奔的造城运动,流水线般建造的排排高楼大厦取代古城旧貌,割断了多少城市的历史脉络，推平了多少地域审美特征，埋葬了多少丰厚的历史记忆，已经无法计算。宁波籍文化大家冯骥才先生认为，我们中国历史悠久，民族众多，地域多样，每个城市都有独特和鲜明的城市形象。可惜，现在我们660个风情各异的城市形象基本都消失了，即使有，也支离破碎，残缺不全，很难再呈现出一个整体的城市形象。眼下，追名逐利遗失了文化，随波逐流遗忘了故乡，身在故乡而不知故乡何在。

物欲越是膨胀，文化越是珍贵。宁波人之所以成为宁波人，并不是因为出生在宁波，而是身上承载着宁波的文化符号和基因。这些由宁波的风俗、语言和信仰因素组成的"宁波腔调"，以及地缘、血缘关系组成的坐标系，会让人们知道自己是谁、从哪里来。不论你身处世界何地，只要据此便可找到家乡，认祖归宗。如果遗失了宁波文化，即使站在这片土地上，也很难再是宁波人。令人忧心的是，在现代化城市化的急切步伐下，本土历史文化面临诸多存亡考验。公路毁了，可以修复；房屋塌了，可以重建；文化遗产一旦"消失"，如同绝迹的物种，没了，就永远没了。现代人精神家园的迷失和情感归属的危机，成为一种流行国际的精神疾病，正是文化除根后流离失所的后遗症。

今天的宁波缺什么？不少人感叹缺文化，我看来，表述不很准确。宁波并不缺少文化，缺的恐怕是对丰厚文化的记忆和传承。"文之无书，行之不远"，作为文化工作者，作为宁波人，我们深恐随着时间的推移，宝贵的精神财富因文字的阙如而流失，随着记忆的衰退而归零。把文化摆在什么位置，不仅仅取决于政府，更取决于每一个厕身其间的市民的态度。文化是城市之魂，是我们这座城市安身立命的基座。唤醒城市记忆的味道和画面，保护并标出宁波的文化风景线，绘制文化地图延续文脉，亟须一套权威、全面、通俗的文化读物。本丛书的出版和传播，即是努力之一。

（四）

本丛书的编纂，虽非规模浩大的文化工程，却颇费周折，几起几落，幸得宁波文化事业基金委员会慧眼识珠，忝列扶持项目，又得宁波市委副书记余红艺及市委宣传部等部门的鼎力支持，宁波出版社调集精干，组织本地学界文化精英，殚精竭虑，撰写这套丛书。

自2012年始，编纂委员会成立并确定了丛书的编纂大纲，专家们从宁波地理文化和历史文化的坐标中，尽可能筛选出具有鲜明特色和传承价值的内容作为首批选题。第一辑八种，选题侧重反映对宁波发展最具影响力、最具代表性的八个方面地方特色文化。计划此后逐年推出各类文化系列，集腋成裘，奉献出宁波文化的"满汉全席"。

丛书着力点不在学术钻研和考证，而在文化的普及和传播，定位在文化"小吃"，充其量是宁波文化史的通俗版、系列专题篇，绝非贯通一气的皇皇巨著。丛书力求编排图文并茂，文字通俗易懂，集知识性与文学性、学术性与普及性于一体，雅俗共赏，老少皆宜，为大众提供一张文化寻根的导游图，以及一杯安顿旅者心境的下午茶。于闹市中拾取一份宁静，于纷繁中理出一片安详，于浮尘中闻到一缕书香，于物欲中寻得精神的家园。

（本文作者为宁波日报报业集团原党委书记、董事长）

目 录

● 总 序　唤醒宁波的文化之魂　001

前　言　001

【一】浮桥经略史话　005

一　灵桥几题　006

二　东津浮桥民营史之发轫　015

三　浮桥之费　018

四　浮桥的官营　021

五　浮桥的民营　032

六　搭载之公益机构　037

【二】灵桥筹备史话　041

一　三次筹备简史　044

二　清末民初的宁波：曾经波澜壮阔的第三领域　057

三　先进工程技术及商业规则之利用　062

四　甘为配角的官府　068

灵现千年

【三】灵桥善举史话

一 从工人顾纪来说起 … 076
二 宁波地方公益传统 … 079
三 募捐事迹及其记录 … 081
四 散论与散考 … 087

【四】灵桥技术史话

一 浮桥 … 100
二 钢桥 … 120

【五】附篇

附一 灵桥大事记（821—2015） … 136
附二 所采方志简录 … 149
附三 1986年实测之桥基高差与位移 … 151

【跋】绝唱 … 152

鸣谢 … 158

五 平政祠的新生 … 071

前言

> 丰年满路笑歌声，蚕麦俱收谷价平。
> 村步有船衔尾泊，江桥无柱架空横。
> 海东估客初登岸，云北山僧远入城。
> 风物可人吾欲住，担头莼菜正堪烹。

这是南宋淳熙十三年（1186）夏大诗人陆游写下的《明州》一诗[1]，他笔下的明州，是一派明丽旖旎、丰年升平的景象，吟诵之际，着实令人心旷神怡。

无柱之桥，即浮桥；"江桥无柱架空横"之"江"，指环绕明州城之三江。当年江上之桥，唯有东津浮桥。

可见，东津浮桥在南宋年间已经成为明州的地标了。

灵桥，无论在浮桥时代，还是钢桥年月，它在中国桥梁技术史上都有着显赫的地位：它是中国存续时间最长的浮桥（公元823—1936，共1113年），是中国潮汐江通航型浮桥的典范；它是1950年前中国单跨跨径最大的钢桥，是唯一采用三铰拱结构形式的城市桥梁。

对宁波而言，灵桥几乎与宁波城同龄。浮桥因其本身的技术经济特点，比一般桥梁更深地卷入到我们这座城市的政治、经济、社会与人们的日常生活之中，可以毫不夸张地说，老江桥用一千年的时间，打造了宁波人异乎寻常的公益意识——当年的鄞县国民政府县长陈宝麟在《重建灵桥碑记》中赞道：

> 斯邦之人，累多弘毅，县有大建筑，若公园、若马路、若监狱，靡勿举者，邦人之急公好义，实非他乡所能及。

宁波人民的这种公益意识，又经过14年的生聚教训，反过来帮着灵桥完成了华丽转身——

灵桥，是BOT前时代中，中国乃至世界上唯一一座用民资、由民办的

---

[1] 钱仲联《剑南诗稿校注》卷十八，第1383页，上海古籍出版社2005年版。

现代大型公共桥梁!

据不完全统计,自灵桥1936年落成到20世纪90年代初,宁波曾有10种商品直接用"灵桥"为注册商标[1],还有6个商标用了灵桥的图案;灵桥竣工70周年纪念日,宁波市邮票公司还发行了纪念封;宁波新华书店的图书销售纪念章,在很长时期内也以灵桥为构图主角。宁波市市政管理处至今仍以"灵桥杯"作为下属单位年度工作优胜者的奖品。这其中令宁波人最难忘的,无疑是宁波冷藏公司出品的"灵桥"牌棒冰,它把灵桥的伟岸形象化为沁人心脾的味道,成为几代宁波人对故乡的深刻记忆。

可以说,灵桥,曾是宁波的地标、宁波人的乡情符号,是宁波曾经的辉煌、宁波人曾经的骄傲,更是宁波人的脊梁、宁波精神的象征!

2005年3月16日,浙江省文物管理部门公布灵桥为省级文物保护单位。

灵桥在明州州治移设于三江口的第三年(823)面世,意味着当时的城市经济已经有着向东扩展的强劲需求。我们知道,跨江交通设施一般依渡口——浮桥——固定桥顺序次第升级,升级所用的年限,就取决于经济需求、公共财力和造桥技术。桃花渡差不多花了八百年才由渡口改为新江桥(浮桥),即使从宁波开埠的1844年算起,新江桥的问世,也迟至开埠后的第二十年。那么,东渡(灵桥初址,后称大道头,今江厦桥桥址)这儿由津渡而浮桥,过渡期为什么这么短呢?奥秘在于三江口高地(原鄞县城厢,现海曙老城区)城市经济的发轫,其实远远早于唐长庆元年(821),至少在鄞州置署于三江口的唐武德四年(621)就已经颇具规模,而且向外扩展的雄心不时勃发,自然催动着舟橹船棹欸乃过江。摊开宁波历史地图可见,城北有姚江,即使跨江,江北岸有雁湖,且境域逼仄,扩展余地太小;城西南有广德湖、小江湖和奉化江阻隔,当年开发殊为不易;只有江东(今属鄞州。下文不致产生误解处,不再作注),跨江之后,有长远广袤之拓殖空间。大道头设渡究竟始于何年,现在无考,如果任我猜测,我觉

---

[1] 参见宁波市工商行政管理局印行的《宁波市注册商标集》(1988年6月),宁波卷烟厂印行之《宁波烟标集萃》。

得由东渡而灵桥，其升级动力的积聚，起码200年。

灵桥经过1113年（823—1936），才由浮桥升级为钢构固定桥。它的艰难而辉煌的涅槃，是人世间无法重现的神话。

2012年12月底，宁波市城管局公布灵桥大修方案。2013年6月10日零时，灵桥便桥通车；同日，主桥封闭禁止通行。2014年11月下旬，灵桥最后一段拱肋被彻底拆解。2016年7月28日，新灵桥通车。

如果说，浮桥是灵桥的1.0版本，那么1936年的钢构桥就是2.0版。1951年修复被炸损的灵桥，东堍北侧桥面拱脚外贴了几块钢板，但桥基四只拱趾已经不在一个平面上，拱肋有偏移、变形，但修复后仍以原设计荷载标准使用了40多年，是为2.1版。1994年的大修，拓宽了桥面，降低了桥孔净高，是为2.2版。2.2版的灵桥，从2005年7月中旬起实行7:30—20:00时段的单双号通行制，2008年2月起禁止货运卡车通行后，负担大为减轻，但2.2版的使用时间却不及2.1版的一半。2.0版的灵桥，以松木桩、三铰拱和构件铆接为主要技术特征。

新灵桥废弃了松木桩，两堍新打四根粗壮的水泥灌注桩代替。原核心构件即三铰拱，其基座与轴承圆柱全都被新的复制品换下。原拱肋箱体在被彻底拆解、打开后，内衬钢板，拱肋铆钉密度乃至桥的自重因此而大为增加。桥面板由开口肋改为闭口肋结构。所以，这次不是版本升级，而是版本更换，是为3.0版。

3.0版的新灵桥，其实是用部分老构件，照抄老样子新建的桥梁。

2.2版的灵桥运营了近二十年，的确该大修。本次大修伊始，宁波城管部门推出的方案，便伴随着争议，其间的曲折经过乃至媒体报道已然成为无法抹杀的史实与文献，不细说；"大修"以彻底拆解2.2版灵桥为前奏，是否是文物保护、修理的必由方式，亦终将由历史来评骘。

3.0版灵桥以无畏的方式告别了曾经的传奇，但毕竟将续写全新的史篇，就像我们这座城市、我们现在的宁波人，一样在除旧迎新，直面时代的考验与挑战，接受历史的臧否褒贬。

新灵桥的喜忧，仍然是阿拉宁波的表情……

[二]

浮桥经略史话

一、灵桥几题

明州自唐长庆元年(821)迁治三江口后两年,即于长庆三年(823)在城东大江上架设浮桥,初名灵现桥、灵建桥,简称灵桥。宋时起别称东津浮桥,自此在历朝方志上常用此名。迨至晚清,因同治初年在桃花渡又新建一座浮桥,是为新浮桥或新江桥,而灵桥门外的浮桥便被称为老浮桥或老江桥。民国廿五年(1936)六月,老江桥改建为钢构桥梁后,又正式恢复千年前之原名,是为灵桥。

附:

灵桥桥名简史

公元823—2013年,计1190年				
浮桥				钢构固定桥
灵桥	东津浮桥	关桥	灵桥
		老江桥	
老江桥、灵桥				

注:1. 灵桥别称东津浮桥,约在南宋乾道元年(1165);

2. 东津浮桥又名关桥,约在浙海常关成立后开始拨付浮桥岁葺经费的1685—1704年;

3. 1862年,城厢与江北间新建一座浮桥后,东津浮桥被俗称为老江桥;

4. 1936年,钢构固定桥建成后,名称恢复为灵桥,老江桥的俗称仍然沿用。

持续1190年的整个灵桥史(823—2013),可分为浮桥史与钢构固定桥史两段,前者1113年而后者77年。所谓经略者,经营、筹划、治理也,在本文中,其与"桥政"庶几同义。

(一)军事关隘还是商旅要津

在中国,浮桥最早出现于公元前一千多年前,周文王"亲迎于渭,造舟

1906年的老江桥,对岸为海曙区（载 *The East of Asia Magazine*,Vol V（1906））

为梁"[1]。从此,浮桥作为一种桥梁形式,沿袭至今。

浮桥古时称为舟梁、浮梁。它用船舟来代替桥墩,故有"浮航""浮桁""舟桥"之称,属于临时性桥梁。由于浮桥架设简便,成桥迅速,在军事上常被应用,因此又称"战桥"。

可见,浮桥之设,不外两种目的,一为战事,二为民用,前者常是临时性的,后者则多为过渡性的。一地的桥梁,常有依浮桥、木桥、石桥及现代桥梁等形式循序演进的情形,而在浮桥阶段,往往是收集、分析水文资料之时,以为建造永久式桥梁做准备,故民用浮桥存续的时间就比军用浮桥要长得多。像东津浮桥,从唐长庆三年初出现到民国廿五年谢幕,服役时间长达1113年,是中国桥梁史上服役时间最长的。其所以在漫长的千年里无法成功地向永久固定桥过渡,个中原因当为技术层面的,即以传统手段欲在鄞江上架设固定桥,是项不可能完成的巨大工程,盖因甬江为潮汐江,而非季节河。故清康熙知府李煦有说"若欲垒石为桥,智勇莫径",顺治邑人闻性道在《东津浮桥议》一文的第一句就说,"桥曰

---

[1]《诗经·大雅·大明》。

浮,不得已之制也"。

那么,东津浮桥的问世,最初是出于军事战略还是民用考量?这涉及整个宁波地区在军事地理上的地位问题。

顾祖禹之《读史方舆纪要·浙江四》有说:"府控海据山,为浙东门户。浙东有难,必先中于明州。说者曰:明州三面皆海,而北面尤为孤悬,吴淞、海门,呼吸可接。明州有难,必先中于江淮。往者,晋有孙恩之祸,明有倭夷之祸,其大较也。夫明州北望成山,南指岭表,楼船十万,破浪乘风,用以震叠海外,此亦一发之乐也,乃虞自保无策哉。"

这是说宁波作为战略进攻基地宜[1],而作为军事固守堡垒难[2]。

的确,在历史上,宁波府城向有"自保无策"之虞,鲜少"固若金汤"之计。有明一代,史志便记有"倭掠宁波"四次[3];到了晚清以降,英吉利攻城、太平军占甬,抗战沦陷、内战溃败,宁波莫不是一鼓而下。即使是1842年清军为克复宁波而兴"五虎扑羊"之战时,中外两方攻守互易,英军也未拒敌城外,或许此乃诱敌深入而故意为之[4],但城之不可守,恐怕也是夷人之评估吧。

再具体言之,明嘉靖《宁波府志》卷廿二之"海防书"罗列了宁波的布防据点:"置卫者四,曰观海、曰定海、曰昌国,而宁波卫则附于郡城。卫之隙置所者十,曰龙山、曰穿山、曰郭巨、曰大嵩……所之隙置巡检司一十有九,曰螺峰……曰甬东……莫不因山堑谷崇其垣墉,陈列兵士以御非常。复于津陆要冲置为关隘,曰东津、曰西渡、曰桃花(隶鄞县。国

---

[1] 元世祖忽必烈第二次征日就是从庆元出发的。见孙光圻《中国古代航海史(修订本)》第303页,海洋出版社2005年11月第2版。
[2] 南宋末年,沿海已有倭丽之患,吴潜曾订"义船法",建军寨置烽燧,设"海上十二铺",以改变"防治倭丽则有余,遮护京师则不足"之态势。可见南宋时尚有信心自保。参见南宋开庆《四明续志》卷五。
[3] 董沛著《明州系年录》:洪武二年(1369),嘉靖二年(1523)、二十六年(1547)十二月乙亥,三十四年(1555)十月辛卯。前二载于《明史·日本传》,后二记于《明史·世宗本纪》,却独不见于本地方志,亦未见载诸《筹海图编·浙江倭变纪》,诚可怪也。
[4] (官军)"前锋百余人,由长春门入……直抵鼓楼,不见一敌,俄而炮声作,英兵伏紫薇街,分两翼截击,前锋多死"。见董沛《明州系年录·道光二十二年》。事在1842年3月10日晨。

1940年日军轰炸灵桥（来自《报道写真：海军作战记录》）

初皆置船防守，后裁革，今复置，列兵船以备倭寇冲突）。"可见，浮桥系当年的城防关隘之一[1]。这种排兵布阵的架势，看起来控关扼津、滴水不漏，但面对自元以来累次守战失利，民国《鄞县通志·舆地志》也颇为忧虑地指出，宁波之海险、山险皆不可恃，海防、陆防亦无全策，时当海陆空都可成战场的近代，"尤当守在四境而未可局于一隅矣"[2]。这种担心，于1941年4月得到证实：19日，日军于镇海登陆，20日宁波沦陷。

历史上宁波之城破，多因南门、西门败，灵桥门及浮桥从未成为攻守双方必争之地[3]。例外是1949年5月25日凌晨，解放军从灵桥东堍攻入；但与此同时，西乡、江北已失，守军腹背受敌，败局已定，桥东之战，一触即溃，也在情理之中，何况此仅属小规模的战斗而已[4]。

---

[1] 民国《鄞县通志·舆地志》上说，浮桥 "无事以济行人，免于病涉；有事则撤桥而封江，足资控守"。这说明浮桥只具消极的防守意义。

[2] 修志时，日寇已对我虎视眈眈。

[3] 1861年12月9日，太平军从南门、西门攻入宁波城内，大概为掩护官员撤退，灵桥门曾发生阻击战，守将陈永镐、张金高战死（参见《明州系年录》、光绪《鄞县志》卷四十四《人物传》"陈永镐"条）。但此一阻击战，攻守互易，剑指倒错，城门本为据内防外而设，在此却为阻内放外，已非城防工事的本义。

[4] 1999年5月25日《宁波日报》，《攻占灵桥》。

因此,说宁波乃浙东门户,实为对外开放迎客之门,而非坚壁深沟拒敌之关,故宁波自古以来便是一座商业城市,而非军事重镇。

东津浮桥亦然,其之兴建与重修,历代均为解商旅病涉之困,没有一次出于军事目的。

故当年面对日寇之滥炸灵桥、荼毒甬江两岸,国人痛斥声讨倭人罪行时说"该项桥梁纯系便利甬城车辆交通,并壮市容观瞻,在军事上无丝毫意义。灵桥之东堍为江东街,西堍则为咸河头(即半边街),该处商肆林立,市廛繁盛,故此次遭日机轰炸,死伤定较众多。但宁波纯为不设防城市,日机之滥行轰炸,徒然残杀无辜而已"[1]云云,绝非纯以悲情博取世人同情之词。

(二)灵桥是城市桥梁

南宋宝庆《四明志》认为自唐武德四年(621)至长庆元年(821),三江口一直有官署驻值,即初为鄞州署(621—625),后为鄮县署(625—821),其中开元廿六年(738)设明州后,鄮县又成为附郭县[2]。

这一结论至今仍饱受争议,但从城市形成的历史看,政治、军事固然对城市发展史有着不可忽视的重要作用,却未必是决定性的催生因素,尤其是三江口,自古并非因自然地理而成就的兵家要地,故而此地官署之设,当出于民政之需要,而非军务之迫亟。

现代考古,在三江口一带发现多处战国到汉晋时期的墓葬群,如海曙祖关山(今宁波火车站附近)、江北乌龟山(今大庆南路与新马路交叉口附近)、江东周宿渡等,尤其在西门口的望京大厦、西河街南侧所发现的汉到六朝的村居遗迹,说明如今的老城区内很早就有自然村落的分布[3]。现代研究表明,"三江口沿岸在六朝已成为人群的聚集点"[4]。

---

[1] 1939年4月29日《申报》,《宁波市区被炸人心极为镇定》。
[2] 南宋宝庆《四明志·郡志卷第一·沿革论》:盖自析句章为鄞州时,已治此矣;后乃废州为鄮县。旧志谓大历六年州始移治于此,未之考也。
[3] 林士民著《三江变迁:宁波城市发展史话》,宁波出版社2002年10月版。
[4] 乐承耀著《宁波古代史纲》第65页,宁波出版社1995年版。

18世纪30年代的老江桥。背面文字:"宁波古迹。老江桥(木质浮桥),灵桥。城区西塊由此桥到江东(此桥跨奉化江),摄于30年代。"(水银收藏)

  我们还需要特别注意到,今海曙区与江东区(今属鄞州区,下文不致产生误解处,不再作注)之间的交通需求,居然在公认的明州设治(821)后两年、鄞县设治(771)后五十二年,就促成了浮桥之设,而水利工程它山堰,建成于灵桥之后的十年。假定宁波城市的编年史始于821年或者771年,那这样快的开发速度,在当年是无法想象的。

  我们可以将老江桥(灵桥)与新江桥的产生史比较一下。这两座浮桥的前身,都是渡口,前者初为东渡,后为东津(即南宋开庆年间的江东道头,民国时的姜山道头),后者为桃花渡。江北岸与城厢的交通设施,在老江桥问世一千年后,仍不能由渡口升级为浮桥,原因就在于江北岸在宁波城市扩展的序列中,要远远落后于江东。1844年宁波开埠,江北岸作为五洋杂处的外人居留区,此后近代城市经济的发展速度,自然要快过明州移治三江口时的公元9世纪前叶。但饶是如此,新江桥也只在外滩发展到第20个年头(1863)才出现在桃花渡口上,而且,如果新江桥不实行过桥收费制,它的问世还得推迟。[1]

---

[1] 参见《新江桥往事》,载2015年9月6日《东南商报》。

1985年春夏,奉化江捕鳗苗情景(朱申夫摄)

那么,这意味着外滩的发展让桃花渡升格为浮桥的驱动力,比823年城厢对江东经济的需求弱吗?

不是。

新江桥的现象,其实是提示:明州州治移入三江口时,这里已经是一个比较成熟的商业市镇,而且到灵桥横跨大江时,三江口作为商业市镇,实际上已经有两个世纪(621—823)的历史了!

"城市"作为一个名词,其实由具有政治军事意义的"城"和经济社会意义的"市"构成。而现实世界中,城与市未必是同步进退的,有先有"城"再有"市"的,有只有"城"而无"市"的。就三江口而言,当是先有"市",后有"城"。历代关于621—771年这一个半世纪里三江口是否有过官署的公案只涉及"城",但"市"的发展则一刻也未尝中断。

可以认为,无论是621年鄞州设治,还是738年明州出世,或者771年鄮县迁署,乃至821年州治进驻,子城的开发,不会起于不毛之地,官署之置罢,也不会是另起炉灶。在自然经济时代,没有百年的持续推进,运营成本大大高于渡口的浮桥,是不可能出现在潮汐江上的。

所以,灵桥是明州城市发展的必然结果,又是社会经济进一步发达的

20世纪80年代的灵桥（来自《宁波市志》）

全新动力。

明代黄润玉（1391—1479）在《莆田方公重修浮梁记》中说："东津之东，卫司演武场所在，浮梁实据一郡要冲，凡沿海九卫所、守隘十巡司、课盐三十一场，分泊七乡、齐民数万余家，不唯往来人马辐辏梭纬，而邮递声息上下文檄，昼夜不绝，镇帅所部演武卒伍，寒暑不停，是诚一日不可废浮梁也。"

这说明，至少在明代前中期，东津浮桥在地方政治经济社会生活中已经扮演着不可或缺的角色，它属于城市桥梁。

（三）官桥与民桥

一般来说，处于官道驿路上的桥梁，大多为官桥，官道驿路的级别越高，桥也因之，情形类似今国道省道。著于唐宪宗元和年间（806—820）的《元和郡县图志》是唐代的一部地理总志。编纂时，州治所尚未迁入三江口，但其上已载有官路通明州，"西北至上都三千八百五里"（卷二十六）。不过，在陆路干道上，明州向来是帝国经络的末梢，王朝干道到了望京门口，恐怕中央政府就撒手不管了。至于当地郡邑之间的交通运输网络，顶多只能算是州府级的官衙经略范围，灵桥（宋时起始称东津浮桥）就是其中一环。

唐长庆三年（823）刺史殷彪[1]设浮桥，虽未留下当年文字记录，但现存方志多指为解民病涉之困，既不关征战兴兵，亦并非九省通衢[2]，完全出于满足地方民众生活需要之目的。唯其工程浩繁、供亿巨大，由民醵资兴建实乃力所不逮，故而成为历任州牧仁政之必为。所以，东津浮桥自始便属于地方官桥。

自唐宋至元明清，修桥的多为刺史、太守、知府，甚至还有州府以上的廉访使、平章（元末）、道台（清）。浮桥所在的鄞县，史料上仅见明嘉靖年间修过两次，清康熙、雍正初年各修过一次。可见，民国之前的千年，东津浮桥当为府级官桥，其中道光四年（1824）修桥后，成立了桥厂，实行了官有民营的体制。

民桥是指由民间集资兴修的桥梁，大多位于沟通街坊里弄、乡镇村落的小道上。建设这类桥梁，是郡邑公帑所无力顾及的。一般来说，有司也无权以征徭科役来兴修这类桥梁。于是这类桥梁的兴修，便成为民办公共工程与民间公益事业大展身手的市民自治空间[3]。

民桥兴建的资金来源，一般有官员捐俸以倡，劝募于民，乡绅首捐，地方集资，寺观募款，个人或一族独资等几种形式。

东津浮桥改建为钢构灵桥时，全凭民资民力成就，所以民国时期的灵桥也是民桥。而民办大型现代公共市政设施，在BOT投资模式兴起之前，灵桥是中国桥梁史乃至世界桥梁史中的孤例。

---

[1] 殷彪，即方志中的应彪，今江苏镇江人。宋时避讳，史书改殷为应。参见郁贤皓著《唐刺史考全编》，安徽大学出版社2000年版。以下，正文称殷彪，引用原文时则一仍其旧。
[2] 明嘉靖《宁波府志》卷十三有说："宁，故海壖奥区，非冠盖孔道。"
[3] 按：西方史学多认为过去中国城市里没有成为工业革命主力的市民阶级，只有居民，因为他们不是处于官府管理下，就是身在宗族牢笼中，根本没有自治。但从中国城乡随处可见先民所建之大量桥梁、道路、寺塔等公共建筑的现象上可以发现，中国历史上存在着巨大的市民自治空间，即使在各级官府所在的城厢，公共事务也并非完全由官府所垄断，即使在聚族而居的乡村，也并非是血缘宗族主宰一切的天地。

自三江口南望灵桥,通车不久(浮桥尚未拆除)(来自《宁波旧影》)

二、东津浮桥民营史之发轫

清初,人们鉴于晚明桥政害民之沉痛教训,亟思改弦更张之策,由此引发了一场中国桥政史上难得一见的论战。

清顺治八年(1651)七月初四,府学生员闻性道因巡视海道(海宪)王尔禄"下询刍荛",乃著《东津浮桥议》呈之,其中痛陈桥政因袭之弊,又虑府县公帑之绌,认为应当采元末方国珍置田设局之法,"先期而募,未敝而修"。文中提出了三个建议:

其一,"当于鄞邑四百四十八里中,每里募银三两,量可计一千三百四十两有奇";

其二,"于桥之近地,先结团瓢,延僧坐募";

其三,"予造一舟,更替修理"。

可见,这几条建议之中心思想即为向民间预募修桥基金。

海宪王尔禄当即(同月初六)转请宁波府酌议。岂料过了四个月(十一月十五日),知府杨之枘"呈详前事,捐助未协",想必其中有种种推脱理由。王大怒,批府详云:"佥报陋习,闻生之议痛矣!本道已与合郡绅士参商,莫不加额称善。唯胥吏绝其贿赂,心为不便。何物奸民陈汉水等,不思贻害之苦,专欲期满脱身,反言募修迟延,误其歇换,以一己之私,敢废公论?明系奸蠹胥吏希图剥民唆同阻挠,深可痛恨!今任劳任怨,本道愿以行,不必顾忌,致大家推诿,徒滋议论而鲜实际也。"[1]明眼人都看得出,道府之间已经翻脸了。

又过了几个月,顺治九年(1652)四月初三,督抚都察院萧起元对王批示道:"修造浮桥义劝之法诚善,听从乐输,不强派不愿不能之辈,更善之善者矣。其中购料工价,尤必该道亲理其事,庶杜侵克需扰陋弊,以成盛事、以全美政可也。"而巡按御史杜果的批示是:"修造浮桥,报佥富户,诚属厉政,永当禁革。据详闻生条议,各都隅义劝捐助,听民自投,事属可行。如详晓谕咸知,仍严禁差役不许借端索扰,听该府印官责之耆老董役,亦不许官吏经手侵克。事竣,勒石桥畔,俾众目共睹。"

如此看来,督抚巡按大人都认为"佥富顶修"之法"永当禁革","义劝之法",只要"不强派不愿不能之辈"、"听民自投",则"事属可行"。但细咂起来,这二位大人的意见却大不相同。督抚的指示是要"该道亲理其事";这意思是说,经费可由民间捐资,但浮桥仍为官桥,你王尔禄既然乐主其事,不妨趁机将浮桥由府级升格为道级。但巡按的钧旨要点却是既然修桥经费由民间出资,则应"责之耆老董役"、"不许官吏经手"。这显然是要彻底地将东津浮桥转而为民间出资并经营的民桥了,而且也没说让巡视海道染指此事("听该府印官")。

也不知道海宪大人王尔禄是否体察了两位上司的苦心,如今我们只见他曾兴冲冲地作了一篇骈四俪六的《建东津浮桥寺募文》,似乎也筹划

---

[1] 王批在康熙《宁波府志》(李廷机 1683 年修,未刊。约园抄本,载中国国家图书馆网站)卷三《山川》中又有不同:"本道已与合郡绅士参商,莫不加额称善,何物奸民,不思贻害之苦及言募修迟延,以一己之私敢废公议,深可痛恨。今任劳任怨,本道愿以身当。仰府同心照议举行,不必顾忌致大家推诿,徒滋议论而鲜实效也。"

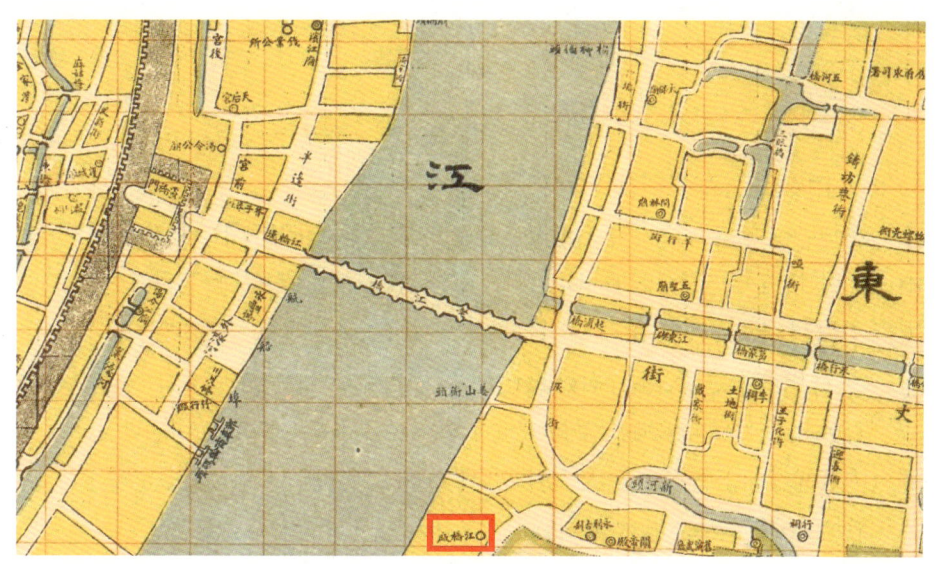

老江桥桥厂位置地图，1914年《最新宁波府城厢地图》局部。址在今江东南路大石碶附近

着要兴建东津浮桥寺，以实施闻性道的"延僧坐募"的计划。但不久（他是顺治十年离任的），这一切全都停罢，《四明谈助》上说该寺因王"应召未建"。

我们很遗憾地发现，康熙《鄞县志》偏偏未录知府杨之枘给上司的申详禀文，这使得这场争论的精彩程度大打折扣。该志更未记载最终的结论，好像这事还是议而未决似的。这以后，除了未刊之康熙府志[1]外，其他志书对这场时议更是不着笔墨。在后来的方志中，我们只看到了一句话："国朝顺治间，知府杨之枘从生员闻性道之议，始详请每里科银二两，五年一征，官为修造。"[2]

其实，闻性道的建议是一次性募捐"一千三百四十两"修桥基金，再请允"延僧坐募"，以集"五邑之钱、各方之钱"；而杨之枘却想趁机建立周期性的课征修桥专税制度。这"从生员闻性道之议"之"从"，又从何说起呢？

但最终，"官为修造"，还是重申了官府对浮桥的修葺责任，从而使这

---

[1] 康熙《宁波府志》之纂抄本与约园抄本，对此事始末有记载，但略有出入。
[2] 周道遵《甬上水利志》卷六、咸丰《鄞县志》卷四《水利》均记载如此。

场争议尘埃落定,东津浮桥还是官桥。

不过,杨之枘的桥税并不成功,李煦的康熙二十四年(1685)修桥碑中说:"本朝五年一葺,俱属里民捐输。奈经收未得其人,县胥恣肆中饱,唯以不堪材料,苟且从事,搪塞目前,逾时即败。"清康熙《宁波府志》叹曰:"是富户金报之累虽除,而奸蠹侵婪之害更甚。"[1]

直到道光五年(1825),浮桥设立了桥厂,乡绅徐桂林(徐时栋之父)等六人为董事,王元等十三人"协同办理",董事公推司事一名[2],完善了桥厂管理组织,东津浮桥才走向官民共有、委民经营的民营化道路。

值得一提的是新江桥,初时老外全盘抄袭了老江桥的形制,乡绅赎桥后在管理制度上也以当时老江桥为圭臬,新江桥经理公所的组织章程及运行方式与老江桥桥厂一样。

三、浮桥之费

浮桥之费,一指其造价,二指其日常养护费用。

我们从所记载的历代兴修东津浮桥的造价看,用银最多时两千余两,时在道光四年。如不计旧料回收,那年修建浮桥共用银约2160两。当时,东津浮桥的长度是三十五丈,宽度两丈六尺。而道光十四年(1834),长三十八丈、宽三丈的鄞江桥重建费用为"六千贯有奇"[3]。两者相较,规模相差无几,所费则几达1:3。鄞江桥还只是石墩木梁廊桥,如果是石桥,则造价更昂。重建于道光十五年(1835)的余姚季卫桥,为五孔石拱桥,长51米(约合十五丈三尺),宽5米,高5米,据光绪《余姚志》记,叶樊"独任改建,约费三万缗"(《列传》十六)。可见,以造价相较,浮桥的确低廉。

---

[1] 清康熙《宁波府志》有未刊本,此系左臣黄、姚宗京纂抄本中语,但民国时的约园抄本失录。
[2] "老江桥厂内勒石碑语"中未有司事人名。现今所知老江桥最后的司事为张赛祥,但对其身份信息一无所知。
[3] "梦游牛"(朱永宁先生的新浪)博客:《鄞江桥(碑)》。按:明清时货币计量单位,贯与缗同,均为制钱一千文。按官定银钱比价,一贯当银一两,故一般来说,贯即两。实际银钱比价时有高低,则另当别论。

19世纪的鄞江桥（徐家宁提供）

20世纪初的季卫桥（美国西德尼·甘博拍摄，来自美国杜克大学网站）

浮桥的最大问题是没法"毕其功于一役",以东津浮桥为例,那是因为:

其一,甬江流域的潮汐为半日不规则型,每天涨潮两次,落潮亦两次;高潮位两次,低潮位亦两次。如采主索系岸的曲形制,则浮桥每天北凹南凸两次,维舟之缆易断。如采碇于深渊的直形制,则浮桥每天上起下伏两次,缩放之工实烦。

其二,鄞江(现名奉化江)自古为通航水道,每当大船经过,浮桥须开启闭合,这也少不了人手。

其三,宁波春夏有汛期洪水,夏秋有台风大潮,激流风摧之下,浮桥极易遭缆断船散之厄,往往这厢庆祝浮桥复通的热情还没退去,那边就凶神恶煞般地来了风暴狂潮,这实在令人沮丧。为此,南宋淳祐二年(1242)太守陈垲定下了"秋飓卷藏"之制,即每年风季来临时,干脆将浮桥断开收起来,以避其锋芒,此所谓"卷而藏之"也。行人过江,则依靠小舟摆渡。自此,改桥渡相继为桥渡相辅,棹舟济人也成了浮桥经营的一部分。

以上说明,为维持浮桥完好状态俾使正常通行,浮桥的经营始终离不开看守人工,也免不了年年一小修,三五年一大修。故而人们抱怨:"联舻系筜,取便一时;补罅葺敝,讫无虚岁。"[1] 这说明浮桥初始投资虽小,但桥成之后的维持、养护及修理之所需费远比石桥要大得多。

《中国古桥技术史》说:"浮桥改建重修的费用常和建桥时费用相差不多,而平时每年的维护费也常需造价的 10% 以上。"[2]

的确,捋诸甬上历代志乘,我们很难分清地方官对东津浮桥"修之""新之"者,究竟属大修还是重建。但可以猜测的是,史志上记载的,大多是指重建浮桥、复通两岸,也就是说,东津浮桥是时兴时废、时通时断的,每次废断的时间恐怕也不短,比如王安石治鄞三年(约1047—1050),留下不少诗文,但似乎没见他提及或吟诵浮桥。甚至到了清初顺治康熙之交,亦"往往旷岁无桥,民多病渡"(清康熙《宁波府志》中语)。至于每

---

[1] 转引自茅以升主编《中国古桥技术史》第 221 页,北京出版社 1986 年 5 月第 1 版。
[2] 茅以升主编《中国古桥技术史》第 221 页,北京出版社 1986 年 5 月第 1 版。

年的维护费用,倒有乾隆《鄞县志》曾提及"每岁修葺需费或二三百金不等",亦逾造价一成。

四、浮桥的官营

对宁波这么一个物阜民丰的城市来说,东津浮桥岁葺之需费两三百两银子,并非是一个天文数字,但问题在于,它是一种周而复始、永无止境的支出,这就不像"约费三万缗"的季卫桥那样是一次性投资那么干脆,只要解决了筹资、建造两件事儿就成了。浮桥,需要解决如何落实日常养护经费的供给问题。

所以,东津浮桥面临的是一个永续经营的问题。而作为经营,无非要具备两大要素,一是要有一个董理其事的组织,一是要有一种稳定的财源。

东津浮桥,作为城市桥梁,无疑是一项公共工程。既是公共工程,则官府是责无旁贷的经营主体,前述鄞江桥道光十四年时的主修者知县周召棠说"除道成梁,有司者之责也,何足以言功"。事实上,我们从历代方志、碑记和文献中能看到自唐长庆三年殷彪之后,约计有四十一次大修或重造的记录,其中唐代 3 次,五代两宋 10 次,元代 4 次,明代 10 次,清代 14 次。除清道光后可确定为民捐民修外,其余均为官修。也就是说,最初的浮桥管理组织,只能是官府。

(一)"取办属邑"

南宋宝庆《四明志》卷十二说:"盖自长庆迄于今凡几建,鸠工辑材,取办属邑。"这"取办属邑",或许是由州府主持,令辖下各县合办或轮办浮桥修葺事宜之意。但"取办属邑"的做法,到了元代后期似乎就换了章程,而且这之后,除了明洪武初年曾短暂恢复过旧制[1]之外,均由州、府、路、道及附郭县鄞县承办。

---

[1] 指"皇朝洪武初,鄞奉定三县备材建修,后互缓弛事"。见明陆瑜《浮光陆光灵桥记》。

"取办属邑"制一般用于两县界桥的修建责任的认定上，如唐《开元水部式》规定："桥在两州两县间者，亦于两州两县准户均差。"[1] 但东津浮桥一向位于鄞县境内，并非界桥，故"取办属邑"或许又可以理解为，桥坐落于哪个县，就由该县负责修葺。由于年代久远，我们现在已经无法确知，唐宋时的"取办属邑"之"属"究竟是指行政级别之属还是地理位置之属。因为除了明初有说"鄞奉定"（指鄞县、奉化、镇海三县）曾"备材建修"外，我们根本无从知道唐宋时明州、庆元下属的哪些县曾参与过浮桥的营缮。

另外，"取办属邑"可能指的是浮桥的兴建，而浮桥的日常养护经费或许未必会摊派到各县的头上。

"取办属邑"制所遇到的最大问题是县衙之间的相互推诿，致使"新造则经年不可办"，故南宋陈垲修桥时有"无（毋）事文移"之嘱，更何况东津浮桥并非界桥。这是明洪武伊始，这一制度"互缓弛事"的原因之一。

（二）唐宋时的浮桥官营

"取办属邑"制废弛之更深刻原因，可能在于中国尽管很早就有发达的中央集权式财政体系，但地方财政却一直处于财权与事权不相匹配，上供无已、自用不足的状态。

支流、支路上的水利、道路等公共工程，是州县官的职责，但由于朝廷不为这些工程拨付经费，地方官便不得不用别的方法寻找经费[2]，故有学者指出："至少就财政方面看来，大一统帝国的'全国一盘棋'并未形成，倒反呈现了中央集权与地方无序的双重特性。地方政府的法外行为，其实正是这一体制的必要补充。"[3]

现存宋时乾道、宝庆、开庆三志有关东津浮桥之记载，以南宋淳祐二年（1242）制守陈垲修桥事最详。而当时，离胡榘修桥（宝庆二年，即

---

[1] 转引自李合群主编《中国古代桥梁文献精选》第74页，华中科技大学出版社2008年11月版。

[2] 参见瞿同祖著《清代地方政府》，法律出版社2011年4月版。

[3] 包伟民著《宋代地方财政史研究》第322页，上海古籍出版社2001年7月版。

1226年)方十六年,陈即有"经年不可办"之感慨、"不可自暴"之励志、"毋事文移"之叮嘱,可见其难。陈垲之后又十七年(开庆元年,1259年),浮桥大概已经不存,吴潜仅以筑江东道头了事。显然,吴潜无钱修浮桥。

在唐代,财政本无中央与地方的划分。一切财政,原则上均以中央的名义行之。但到了晚唐,藩镇割据,截留税款,使中央财政发生困难。于是,朝廷不得不对财政管理制度做出调整,遂将一切赋税收入,分为三部分来处理:一是上供,为地方直解中央之财赋;二是送使,为地方解交诸道节度使,以充中央在各该道之支出;三是留州,即各州所征财赋,留一部分于州,以备本州自用。送使钱的制度,到唐宪宗元和四年(809)以后,由原来的三式(上供、送使、留州)改为两式(上供、留州)[1]。

两宋的财政体制也沿袭了唐代规制。宋初,中央对各路州郡上供粮帛银钱都陆续确定了岁额,同时留供各地开支的钱物也立有定数。大致从宋仁宗(1023—1063)在位时起,由于财政开支的增长,上供额就开始不断上调,此后直至南宋末年,几乎一直处于只增不减的趋势之中。但各地岁计却由于财源匮乏,很少予以调整,日渐趋于固定化。

而唐宋时的"留州"部分,也并非可由地方官自行支配,它主要是用于官吏军兵的廪禄,其中尤以军俸军饷负担为重。故毋宁说,所谓的"留州"部分,其实绝大多数是地方代中央支付的岁支,而并非地方财政之岁入。至于地方出现岁计之外的余财,按宋制,亦都应入载府库都籍,受监司点检,按制度支用,岁终结账,上报审核[2]。

正如前述,东津浮桥既是地方级城市桥梁,它就不可能享受中央财政的拨款。那么,浮桥的营缮是否列入了留州部分涵盖的支用范围呢?很遗憾,中国传统社会即使真的存在过地方财政体系的话,那也是吃饭财政,而非建设财政、民生财政。像东津浮桥那样的地方公共事业的投资及养护,从来不曾作为地方岁计的经常项目,历代修桥之费实来自于地方官府临时向民征派之徭役,这就是陈垲修桥时所说的"听民就役"。

————————

[1] 参见周伯棣编著《中国财政史》第243页,上海人民出版社1981年2月版。
[2] 参见包伟民著《宋代地方财政史研究》第二章《州军财政制度》。

即使是徭役，按律令，地方官也是不可以随心所欲征收的。唐律对"起役"的规定是"修城郭、筑堤防、兴起人功，有所营造，依'营缮令'，计人功多少，申尚书省听报，始合役功"[1]。两宋之"非条例有定数，州军不得擅支"的规定、对地方余财的支用审核制度，也庶几有同样的效果。这些"起役""定数"之律令对朝廷固然没什么制约力，但对地方官而言，它却有着"多一事不如少一事"之强烈暗示，从而诱发懒政[2]。而浮桥不同于石桥，它是那种一日修通便需天天打理、一旦功成即费岁岁钱谷的工程。浮桥经营上的这种特点，使得任何一个唯以取巧邀功为能事的官员，都不敢以兴修浮桥作秀。更何况南宋地方财政大多饱受亏空缺额的困扰[3]，欲行推脱，何愁找不到理由。

以此而观之，唐宋时修桥的刺史、制守们，大多有法外施仁政之担当，都是值得尊敬的。

（三）元代的浮桥官营

不足百年的元代，记录有四次修桥[4]，是令人惊奇的。更奇的是元代的东津浮桥无论从技术上还是在经营上，都有创新。从技术上说，前至元廿九年（1292）浮桥"始冶铁连贯为巨缆"，浮桥史上首次采用14舟制也是元朝（四五百年后的清嘉庆年间，14舟制才重出江湖），因此可估计当年船形及用材必定壮硕，不会逊色于清。东津浮桥由曲形浮桥变为直形浮桥，也是在元代得以确立的，桥船的布置在元代内完成了由"分列江面"到"二偶一扶"的转变。浮桥之有护栏，亦自元代始。

至于在经营上，元代的浮桥也相当出彩。

---

[1] 转引自黄天华著《中国税收制度史》第285页，华东师范大学出版社2007年4月版。

[2] 瞿同祖观察到，"由于清代州县官要对自己主持的工程在一定期限内的坍坏负责任，且向上级衙门申请官银时还免不了要向上级衙门书吏支付陋规费，因此很少有州县官申请官银资助修缮工程"。引自前引瞿著第247页。

[3] 参见包伟民著《宋代地方财政史研究》第四章。

[4] 其中第二次，系由陈祥修桥时为16舟制其后变为14舟制推想所得。时在元世祖至元后到元顺帝至元前期间（1295—1335），但年份未详。事见至正《四明续志》卷三《路案》。

1. 设专人负责浮桥的管理及养护

前至元廿九年修桥,陈祥"犹为永久之虑,择民户十有六家,蠲徭役科调,隶局任桥事,未敝而修,费约工省,不止一时之谋,而贻无穷之利,仁心远矣"(王应麟碑记)。这"隶局任桥事"之"局",当为元时官办手工业机构——"杂造局"[1]。所谓"择民户十有六家,蠲徭役科调",意为将这些民户编入"杂造局"之匠籍,专门负责浮桥的养护,"未敝而修"是也。之所以择16家民户,是为了让他们"各管船一只"(至正《四明续志》卷三)。到了元贞至元统年间(1295—1335),浮桥改为14舟制,官府"差令桥夫一百四十名看守。后因船户言告消乏,佥补不便……将桥户放闲当差,仍令桥夫看守"[2]。

应当说,凡浮桥,需差派役夫看守养护,是古制。前所引唐《开元水式部》规定:"河阳桥置水手二百五十人,陕州大阳桥置水手二百人,仍各置竹木匠十人,在水手数内。其河阳桥水手,于河阳县取一百人,余出河清、济源、偃师、汜水、巩、温等县。其大阳桥水手出当州(按:此两桥水手、竹木匠之取,类似"取办属邑")。并于八等以下户取灼然解水[3]者,分为四番,并免课役,不在征防、杂抽使役及简点之限。一补以后,非身死遭忧,不得辄替。"河阳桥,即大名鼎鼎的孟津浮桥,杜甫《后出塞》诗之"朝进东门营,暮上河阳桥"指的就是它。河阳桥与茅津大阳桥(亦称太阳桥)在当年均为中央级官桥,日常运营养护待遇极好。而东津浮桥,至少在元代时,我们才第一次看到官府为浮桥的长久经营安排专门的人力来维护。

至于这"船户""桥户",应是指系官匠户,他们由官府提供一定的工禄,豁免部分赋税。在元代户籍管理中,匠户是与民户、军户并列的一种身份与职业划分。匠户比民户更少人身自由,元初时近似官奴。不过后来户令渐弛,民户与匠户之间时可因"佥充"与"放还"而转换,比如陈祥

---

[1] "杂造局在西北隅河利桥东,元系宋平籴仓基,至元十三年(1276)改置杂造局,设官置吏,监造军器,解省。"至正《四明续志》卷三《公宇》。
[2] 至正《四明续志》卷三《路案》。
[3] "灼然解水",意为熟习水性。

选 16 家民户以蠲免徭役科调为对价，让他们"隶局任桥事"转为匠户，是为"佥充"。后来，庆元路总管府"因船户言告消乏，佥补不便"，可以"将桥户放闲当差"，即恢复为民户身份（同时就有了向官府纳粮承役的义务，故曰当差），是为"放还"。而那些"桥夫"，可能是杂造局雇佣的人工，当与户籍无关。

2. 动用小金库放官债，以息钱修桥

后至元元年（1335），庆元路府"将排年积下支销不尽挑粮脚价一百七十定，每两三分起息，分借殷实之家，营运获息修理浮桥"，5 年后（1340），路府即以所生息钱重建了 14 舟的浮桥。又过了 23 年的至正廿三年（1363），方国珍用它的本金与利息，加上另拨官钱，重建了 18 舟的浮桥，还为浮桥置田设局构廨，可谓一举成双，成就了浮桥经略史上空前绝后的美事。

3. 方国珍为浮桥置田设局构廨，是浮桥独立经营的首次探索

方国珍修桥事，详载于元刘仁本的《平章方公重修灵桥记》中。后人闻性道赞道："役法唯方平章最善，籍丁夫二十有一，捐田百有五十亩……又规傍桥灵济废寺之亩，凡一百六十有奇，构桥局公廨仓宇具备，设佛祠，命僧守之，岁收田粟，专理桥务，今皆废没。惜哉。"

方氏之为计，一举解决了浮桥经营上两大需求，一是经营组织，一是兴修财源。所应注意的是，方氏之"局"，与前述陈祥之"隶局任桥事"之"局"不同，这个"局"是为浮桥单独设立的经营机构，由佛寺僧人管理，有 21 名丁夫，尤其是拥有赡桥田、赡寺田共 310 亩，可以岁收租谷，用于支付丁夫工食、修理索缆船板乃至今后的重造费用。显然，这为浮桥的独立经营提供了充分的条件，从今往后做到"民勿再劳，官无旁出"是可以期待的。

这种以田产租谷充作岁用之费的做法早已有之，特别是在水利工程上。南宋宝庆《四明志》卷一载："程覃，朝奉大夫，提举两浙东路常平茶盐公事，被旨兼权兼沿海制置司公事，嘉定六年（1213）二月二十二日到任。东钱湖、它山堰灌溉甚溥，每患湮圮。覃始置田租，以所收岁给浚导者，虑画最远。"

民国年间拆除灵桥门时出土的元末方国珍德政碑残石拓片（天一阁藏）

但在浮桥经营史上，却是方国珍首次采用[1]。

(四) 明代的浮桥官营

纵观东津浮桥千年的官营史，以明朝的"金富顶修"制最为史家所诟病，而以元末方国珍"设局置田"制赞誉最多。迨至清季，由于逐步建立了岁葺经费的拨充制度，浮桥之经营才降为纯粹的技术、财务问题，再不是明朝那样遭"厉政"之斥。

明时录得修桥记录10次，除了有些技术进步之外，在经营上的确乏善可陈、"无绩足纪"[2]。

元明更替不久，方国珍创设的桥局桥产，俱废且没。洪武初年

---

[1] 明黄润玉《莆田方公重修浮梁记》却说"嘉定中，摄守程覃尝拨钱五千缗，置库及田，取息备修葺，元季田归于官"。此说未见诸历代志乘及碑记，当为误。

[2] 康熙《鄞县志》卷之七《利涉考》。

（1368—1378），"鄞奉定三县备材建修，后互缓弛事"。廿七年（1394），"郡人黄功廓建言增设船二只，佥民七十二户守葺"[1]。

如前所述，这72户实为轮班匠，浮桥18舟制，当值的为18户，亦即每户管船一只，四期一轮。显然这是复辟了一百年前陈祥之法。但不久，老毛病又犯了："官不加省，户替不复，桥徒其具缆索草葺，舟筏泥饰，经行者若蹈春冰。忽值迅飚骇浪，漂泊狼藉，经月弗就。人以小航代济，沦溺踵接，行道咨嗟。"（明陆瑜碑记）

约当嘉靖后期至明亡（1560—1645），修桥之役，每三年佥报富民属以缮修，官或给银仅十之一二，工成有司优奖，荣之冠带，谓之"江桥大户"。高宇泰恨曰："百年之间，吾邑厉政，莫此为甚。"这"每三年佥报富户以修"之法的恶厉何在？

其一，三年的日常养护费本身就是一笔不小的负担，如果运气差的碰到台风急潮的毁坏，则轮值的富户非破产不可，"妻子俱非己有"矣！但"三年间保无飓风霉发乎？保无洪涛冲激乎？则千有余日中，朝忧夕虑，譬犹空山虎食之伥、深渊葬鱼之鬼，所期获彼方能代此"[2]。

其二，既为苦差恶役，则"富狡者，先逃于可脱之机，钝啬者，竟陷于不可脱之阱"，到头来真正无可逃遁的承担者，往往是不富不狡的老实人或是又钝又啬的小气鬼，"其留者不亲应役，率募市棍充之，防葺不谨"。

其三，官府将修建浮桥的公共责任推给民间，但浮桥之修之通"讵止数富人之事乎"？且"给银仅十之一二"，只荣之"江桥大户"的冠带又有何用？无非让胥吏们有了中饱私囊的机会罢了。

明代地方官对浮桥职守的责任感似乎远不如前朝，表面看来是"以银代役"腐蚀、瓦解着传统的徭役制度，实质上则肇因于更加集权化的中央财政体系挤压了地方财政的空间，直教地方官无可作为。当明代后期整个王朝财政状况恶化时，地方官遂将浮桥视为一种累赘，必欲卸之而后快，不但日常的运作、维护交由民间打理，就是大修重建，也前所未有

---

[1] 成化《宁波郡志》卷四《东津浮桥》。
[2] 闻性道《东津浮桥议》。

地通过轮盘赌的方式向民摊派,从而使浮桥流变为事实上的民桥。

但明晚期之浮桥由官而民,既不像方国珍那样置田设局,为浮桥的独立经营创造条件,又不像清代官员那样捐俸以倡、劝募于民,实在是德才俱失。当"徭户大半征银在官"后,地方官本应用这些"征银"组织社会力量来替代日益衰弱的匠役制,但事实上却未能见到这种积极的努力。官唯在放任自流、徒叹奈何与威逼利诱、趁机盘剥的两端摆动,终致有明一代的桥政,成为灵桥史上最不堪回首的往事,民视之为苦役,士斥之为厉政,官则在哀叹"亟为修复者"的同时,忙不迭地把责任推给奸胥市棍[1]。

(五)清代的浮桥官营

清代经营东津浮桥的最大成就,是在确认"官为修造"的责任前提下,逐步建立起养护资金的岁拨制度[2]与涂租岁充制度,与此同时,通过官员积极捐俸以倡、推进制度建设,终于成功将浮桥由官管官营推向独立运作、民间经营。

清乾隆三十五年(1770)前后的养护经费收入:"自后岁修浮桥,皆以关款、涂租二项报销",其中甬江沿岸涂租共"一百八十八千三百文",折银约171两至209两[3]。再加赵良璧新辟房租14两余、桥西四间租金20两和海关拨款86.6余两,合计约291两至330两,与之前估计之"每岁修葺

---

[1] 见明《嘉靖志》卷二:"盖守江徭户,大半征银在官,其留者不亲应役,率募市棍充之,防葺不谨。其守桥之亭圮废,而市狯又据以为贾肆。此当亟为修复者也。"
[2] 浙海关对浮桥的拨款86.64两,自康熙四十三年(1704)前的某年起到道光五年(1825),仍坚持不变。
[3] 清时官方设钱银比价为一千文制钱合白银一两。官方以白银为计价标准,而民间则习惯于使用制钱,于是出现钱银比价随市场波动的现象,情形类似于元代的钞银比价。乾隆三十五年(1770)时,钱轻银重,一两白银(在云南)制钱1150文,而当四十三年,情形似乎反了过来,钱重银轻了。在陕西,一两银只可当钱890文(参见彭信威著《中国货币史》第570页,上海人民出版社1958年11月版。下称彭著)。迄今未见宁波当时的钱银比价史料,但其波动情况亦当有之。不过"大体上说来,清初的百多年间,钱比比较稳定。历代的用钱政策,也还算稳健"(彭著第569页),故以钱银比价来说,知县以钱为纳租标准的"议令",对承租户而言,盈缩互见,还算公平;而衡诸粮价(即粮食的制钱价),因乾隆三十五年至五十五年(1770—1790)共上涨了约8.76%(据彭著第571页之"清代米价表"计算),则民户稍显吃亏。此处按高者1100、低者900计算,188.3千文约当银171两至209两。

需费或二三百金不等"相当,基本解决了修桥经费的着落。10 名看桥水夫的工食银仍由鄞县地丁项下支销,但明确了每人 6 两之费用划分,"工食银五两,篾缆银一两"[1]。

道光五年(1825)后修桥经费总计 933.34 千文以上,此即周道遵所说的"每年可得八百余贯"之意。

我们根据桥厂碑记估算,道光五年的桥产及岁入有下列数项:

(1)以每间 1400 文计租之屋,共 410.5 间,计 574.7 千文;

(2)"西塊头南北店屋各二间,每间征收三千文",计 12 千文;

(3)教场西畔涂地 55 弓[2],涂租额不明;

(4)乌丰堰涂地 1710 弓,年涂租 200 千文;

(5)桥厂自用涂地 97.2 弓,屋 6 间,碑亭 3 间。

以上合计屋 414.5 间,年租收入 586.7 千文;涂地 1862.2 弓,涂租 200 千文余。加浙海关年拨款 86.64 两(千文),为 873.34 千文以上。如再加鄞县地丁银项下支销之桥夫工食银 60 两(千文),则总计 933.34 千文以上。此与李可琼碑记所计得之 948 千文,已经比较接近。如按乌丰堰涂地的租费单价估计教场西畔 55 弓涂地之租费收入,则为 6.4 千文,考虑到近桥塊的涂地商业价值比较高,则涂租或较乌丰堰涂地翻倍也有可能,如此,就与按诸志所估计的岁入数额差距更小了。

正因为浮桥有了前所未有的养护经费保障,才使浮桥有了前所未有的持续贯通纪录。至少从道光五年起,除了一次(道光廿三年,1843 年)被台风冲坏造成数月中断外,直到 1936 年 6 月钢构灵桥建成,浮桥伴随这个城市的民众一百多年。所以,清时记录到的浮桥大修重建次数是历朝最多的,且浮桥的通行能力及质量远胜于昔。明朝浮桥史中,仅见正统年间修桥的陆瑜碑记中有一个"捐"字,"捐禄入积锱铢",但到底捐了没,捐多少,正史中未曾提起。比起明代的州牧,清代的大人们显然要慷慨得多:

---

[1] 乾隆《鄞县志》卷二《桥梁》。
[2] 弓,丈量土地的器具,用木制成,形状似弓,清时两端距离是五营造尺,也叫步弓。此处弓,实意指平方弓,旧制 240 平方弓合 1 亩。

康熙二十三年(1684)六月廿八,风坏浮桥,知府李煦"捐己资千有余金,独造浮桥,成千古未有之美政"。事委鄞民王海粟督造,于当年九月十二日兴工,至十二月初二日告竣。

　　康熙三十二年(1693),知府张星耀捐俸数百金修之[1]。

　　道光四年(1824),宁绍台道道尹李可琼"捐廉为倡,劝民捐输",重修浮桥,又建立桥厂管理组织。

　　自此之后,方志上再没有地方官捐款修桥的记载,所有的营缮,均由乡绅捐款及主导,东津浮桥终于实现了方国珍的设局置田所谋求的经营理想,它不但以桥厂为主体独立运作,而且以乡绅充任桥厂董事,完全实现了民营化。令人惊奇的是,道光时的桥厂,似乎更接近顺治时的巡按御史杜果"耆老董役,不许官吏经手侵克"之设想。

　　清朝的地方财政状况比起前朝,并未得到根本性的改善[2],尤其到了晚清,镇压太平天国与对外割地赔款,已将清王朝财政搅得一塌糊涂,厘金的兴起,开中国地方税的先河,此后杂捐杂税多如牛毛。但地方官府财权的增强与地方财政收入的增加,在那种政治经济体制下,总体上并未为地方公共工程提供可靠的资金来源,至少我们在新江桥的际遇上,没有看到它较老江桥有所改善。

　　东津浮桥之幸,在于道光年间地方官府以拨充官产的形式,为浮桥建立了较为充足的养护经费收入制度。

（六）民国时的浮桥官营

　　老浮桥在1928年下半年起至第三次筹备改建之前的1931年上半年,

---

[1] 光绪县志所说张捐俸二千金,当是他任上总共捐俸金额,并非仅为浮桥修葺。据他的后任高启桂撰于康熙三十八年(1699)的《杨丘张三刺史庙赡祀岁租碑》记载,张星耀捐修了府学大成殿(圣宫)及明伦堂两庑廊、建酷务桥义学、梓行童子课艺文集等,可能其中"惠捐俸数百金,建浮桥",如此才合乎情理。

[2] 浙江的留存粮占留存起运总额的比率,明万历六年(1578)为33%弱,清乾隆十八年(1753)则为24%。参见梁方仲著《中国历代户口、田地、田赋统计》第375、394页,中华书局2008年11月版。又《鄞县通志·政教志》列有"清末鄞县出入款项不敷表",可见一斑。

曾短暂恢复为官桥身份。1927年7月宁波市政府成立，桥董"以交通水利，均属市政范围"为由，将桥厂交由市政府（工务局）管理，"并将历年账略报告在案"。市政府收老江桥归官营的过程，至今难以厘清，仅据张赉祥的报告中隐约得知，其事在1928年。

老江桥在宁波市政府的手上，作了些许改良，比如给桥节之间加装了弧形铁板，规定了开桥过船的固定时间，还建了两块的铁栅门，用以开桥放船时隔绝行人，以策安全；罗惠侨还有心整顿桥上秩序，饬令公安局取缔沿桥小贩，但也仅限于此。民国官营几年的最大问题，恐怕是未能恢复前清遗产的生财能力，浙海关、县府拨款可能已经停罢，原有的赡桥田地房产，似乎亦放任自流、十收一二[1]。更糟糕的是，市政府本身存在的三年多时间里，始终受公帑捉襟见肘之困扰，财政拨款根本无从替代原先桥产之岁入，难怪留守司事张赉祥1930年上半年向市政府呈文请修浮桥时抱怨说"自蒙接收，未加修治"，难怪该年八月兴工开修的经费还得靠第二任市长杨子毅两次函请宁波商会、宁波旅沪同乡会化缘方得。所以，民国时期的浮桥官营史，简直乏善可陈。

五、浮桥的民营

1940年前后，有署名"快活老叟"者撰《宁波闲话》，其中提到老江桥时有说："桥出官办，事难持久。数百年间，贤官无几，贤至则桥复，贤去则桥辍。明洪武二十七年（1394），郡人黄功廓建言：'桥供民享，奚可长恃官员？'乃集绅富，恢复桥容，民智渐开，地方获福。惜置产欠厚，修理费一旦告竭，桥又不能维持而自辍。"[2]

浮桥民营化的前提是浮桥要作为一个组织，且要拥有财产，两者不可

---

[1] 平政祠的祀产，在1935年地方款产委员会的表册里，年入子息仅银四元，其他栏目均填写为"无查"。见《鄞县通志·政教志》。

[2] 参见《宁波文史资料（十五）》，1994年印行。按：黄氏建言要旨，乃在于要求官府为浮桥佥派役匠，尚无关于浮桥之民营的说法。不过，快活老叟对浮桥官营之弊的分析，倒是切中要害的。

缺一。比如东钱湖，程覃于南宋嘉定七年（1214）就拨款置田，以图岁租供浚治之费，但因不重视组织建设，"虑画"虽远，所行却近。十二年后的宝庆二年（1226），胡榘评说："提刑程覃来摄府事，尝创开湖一局，拨府钱三万二千缗，欲买田一千亩，岁收租二千四百余石，募民岁取茭葑二万船，可添潴水二万船，迟以十数年，东湖之葑可以尽去。然自置局之后，有司不曾举行，已买之田岁收租谷未免将作应付修路之用，未买之钱见充留于库，不曾买田，今湖中茭葑日生月长，无有穷已，根株滋蔓，日吞水地。"[1]

或许方国珍有鉴于此，其所设桥局，既未委有司举行，也不托大族经理，而是"设佛祠，命僧守之"，显然是把桥局交由灵济寺僧人管理了。应当说，此一考虑不可谓不深。

浮桥乃城市公共工程，其所谓的经营，从现代意义上说，可理解为一种非营利性的活动，是一项公益事业。由三宝弟子掌管其事，也算是成就了佛家的善业。另外，从中国的历史看，"君子之泽，五世而斩"，故此，世家望族实难值得托百世之业[2]。相对而言，在民间，普遍长寿的组织非寺观莫属。

可惜此"区画甚悉"的经营善法，持续时间竟然还不及庆元路总管府的"息钱修桥"之策。中国法律缺乏"拟制人"（法人）的概念，有些庙宇寺观、宗族义庄之所以能传承几个朝代，完全取决于他们在改朝换代政治态度乃至君主的好恶[3]，而不是法律为字号或法人组织提供了生存保障。再者，自秦汉之后，历朝历代几乎都是实现财产私有化，但对具体到人的私产保护，却没有一部一以贯之的民法典。宋因唐也好，明袭元也罢，到了朝代更迭之际，尤其是那些所谓的豪强势户，不管是否真心臣服今上还

---

[1] 王荣商撰《东钱湖志》。

[2] 例如由乡绅官宦设于宋绍熙元年（1190）的四明乡曲义庄田，"在南宋淳祐十一年（1251）以前，已经转移由府学管辖"。参见梁庚尧《家族合作、社会声望与地方公益》，载《中国近世家族与社会学术研讨会论文集》，台北历史语言研究所1998年版。

[3] 朱元璋建立明朝后，对苏、松、杭、嘉、湖等江南地区的富户采取没产和迁徙政策，以"资饶"和"族盛"的富户作为打击重点。洪武十七年（1384），朱元璋下令没收范氏义庄的2000亩地。宣德、景泰年间（1426—1456），苏州官府对范氏义庄进行了清理后，才将此前被侵占资卖的土地归还。见葛金芳撰《中华文化通志·土地赋役志》第277页，上海人民出版社1998年10月版。

是自诩前朝遗民，他们的财产状态都有重新洗牌之虞。宗教机构则另有别样风险。

或许，方国珍所设的桥局，正是被朱元璋的僧道司给搅黄了罢[1]。

清代东津浮桥的民营化过程，实肇始于康熙二十三年（1684）的李煦，其个人"捐己资千有余金，独造浮桥"，"监督之事即委王海粟任之"，而王"果能领略指画，悉心料理"。

这是一场了不起的试验，它的结果让官民双方对民营浮桥的未来充满了信心。这之后，官府不断开辟着浮桥养护经费的来源，到了道光初年，"岁修经费无虑短绌矣"。经如此百多年的苦心经营，人们终于悟到，浮桥营缮之费的筹措，"要皆官输不足，取资于民，而后集事"（李可琼修桥碑）。这是说，首先得要有"官输"，像明时的官家"金富顶修"，完全委资委责于民，是不行的。而在地方公共财政体系未能建立的时代，浮桥的兴修费用都由官出，也不现实。唯有官民协作，才能使浮桥及时得到修理。

道光四年（1824）那次修桥，官员只是做了捐款姿态，经费的大半"取资于民"，余为浙海关（常关）拨款与拨付官产之生利收入（涂租），修桥之后又随即设立了桥厂，自此，浮桥事业的组织与财源均有了着落，公信力大增，捐款人自然放心且情愿，故志乘上所记最后两次修桥经费，都是民众捐输的：道光二十三年（1843）遭飓风桥圮，绅士王允中等募资重造；道光二十八年（1848），徐桂林之子徐时栋协同宋绍周、陈鉴等募捐大修。

尽管朝代更迭时，民间团体会遭遇极大的生存风险，但在同一朝代内，法律环境还算是相对稳定的，晚清历任道尹知府们对桥厂董事的管理权还是尊重的。比如，清光绪十三年（1887），有"监工绅董"为便于桥下行船，提议减去四舟，绅士董沛等力主不可，经告于官，知府胡练溪亦只是要求"浮桥董事公同妥议"，并建议桥董会同当地绅士"另行公议"，并没有挟公议而强行干预（《申报》1887年8月28日）。

民国代清，桥厂及其经营制度保留了下来，中间虽有过收归官有的三

---

[1] 见明成化《四明郡志》卷七。明时，府有"僧纲道纪司"，县有"僧道会司"，有管寺观的官员各一。

年,但实际上并不成功。到了老江桥第三次筹备改建活动兴起的1932年7月4日,甬方筹备委员会第六次会议纪要中有"前老江桥董事业已星散,决议公推卓葆亭(官方代表)、沈景荣(原桥厂代表)、陈如馨(甬筹备处代表)接收",再度转为民营。桥厂存在了104年(1824—1928),它在老江桥筹备委员会及后来的灵桥管理委员会中获得了新生。

钢构灵桥建成后,筹委会组建"灵桥管理委员会"[1],与"新江桥管理委员会"并列,已属官商合办的管理组织。

1950年9月8日,市(政治)协商会议建议将新江桥、老江桥管理委员会合并为"宁波市江桥管理委员会",推原"改建宁波老江桥筹备会甬筹备处"主任王文翰为"首次会议召集人"。关于修桥所需经费"建议匪机轰炸善后委员会将余款拨补,建议政府拨助并请在一九五一年起将管理修理经费列入地方预算,请即由组成的宁波市江桥管理委员会设法劝募"[2]。

老江桥自李焴独资捐建后,逐渐走上了民营的道路。关键在于经营浮桥的民间组织拥有了属于该组织名下的独立资产。细究起来,浮桥本身因有民间捐资,可视为公产,而田屋沙涂则大多为官府拨入,当属官产,所以不妨将桥厂视为一个官有民营的公共组织。从它存在的百多年历史看,它的经营还是相当成功的,甚至毫不逊色于洋务运动以来大量出现的官督民办企业。而桥厂的成功,在于浮桥与民众生活息息相关,业务又比较简单易解,故而便于公众监督而难于官商暗箱操作,而官府由于不时因重修浮桥之需而有求于民(劝捐),故也不敢对桥厂懈于监管。相对而言,这种公共组织最大的问题恐怕在于找不到热心公益而勇于任事的主事者。宋《它山水利备览》有载,"程公所置谷田,始委乡之上户,掌其租入,督以邑丞,上户不欲与闻官事;委之云涛观,观又不欲,遂归丞厅",是故宋时它山水利工程的民营化尝试遂告失利。有贤者则兴,唯知墨守而慵懒者任之则衰,不

---

[1] 1936年6月3日甬筹备处第30次会议决定:"应组织管理委员会,其组织法俟举行通桥大典时,由沪甬两处委员联席会议决定之"。见《重建灵桥纪念册》。
[2] 1950年9月9日《宁波时报》。

幸奸而不肖者继之则败,假如官府、公众不施以必要的干预及援手,则衰亡是这种民间公共组织难以逃遁的宿命。

桥厂的组织目的,固然在于做好保障通行、日常养护、开桥过船以及岁修重建等项工作,但诸项工作顺利进行的前提,则是要有正常的经费来源。在BOT融资模式中,靠的是收取通行费;如老江桥那样的义桥,则靠的是赡桥产的佃租、涂租、屋租。我们看到有清一代,官府所拨给桥产的租金岁入,已经足够老江桥的日常所需,且能"积至三年一大修"(道光李可琼碑记)。可惜到了清末,我们发现有了"该桥厂经费支绌"的报道,且又将屋租标准提高了一倍,达每间2800文。尽管如此,桥厂的财务状况却再也没能达到道光时的水准。财产单位小而分散[1],是桥厂对桥产管理殊感困难的原因之一,更主要的原因恐怕还在于田权与佃权的分离,佃户、租客几经转让或继承,使桥厂逐渐失去对桥产的控制,其结果就是逋欠少缴、日积月累、陈陈相因、积重难返,最终使得这些桥产只变成账面上的数字,而收入则日益枯竭。显然,桥产需要有人花大力气整理以重振财产的权能。但我们在清末民初,没发现桥董里出现过中兴名人。相反,宁波市政府甫一成立,桥董们便以"交通水利,均属市政范围"为由,将浮桥向官方一推了之,诸董作鸟兽散,只留司事张赉祥一人苦苦支撑,以致甬筹备处再度从官府接管浮桥时,发现"老江桥厂原有田产、契据多已遗失",即便此后筹备处对桥产进行重新统计与整理,"唯田产均在乡间,每年收花,诸感不便",仍是不可轻易绕开的问题。到了战后修桥新漆和修理平政祠时,仍向社会募捐了事,可见历年积累下来的赡桥产已经彻底散失。

当然,桥厂的衰微,也有当年的法律制度对产权保护不力、官府怠于监管及未予桥产权益以必要的行政支持、桥务不够公开,而民众和舆论又疏于关注及监督,桥厂组织本身则日益沾染了官僚习气等各种因素使然。但任何时候,事在人为,毕竟是一个组织活力的源泉。

---

[1] 如《重建灵桥纪念册》所载,老江桥于1936年6月,有田166.466亩,竟有62个单位(处所或佃户),平均每个单位面积2.68亩。

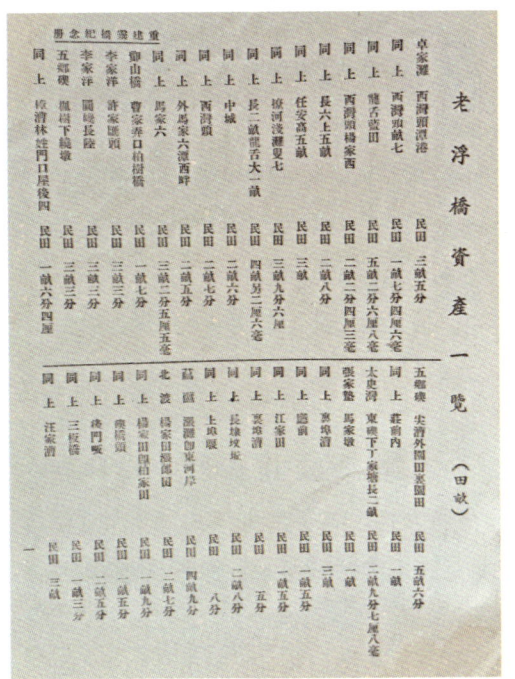

灵桥建成后尚存部分桥产目录（来自《重建灵桥纪念册》）

六、搭载之公益机构

浮桥相当于一个平台，随着它在城乡交通要冲上地位的日益确立，各种附属功能开始搭载其上，使浮桥的功能日益完善。由于东津浮桥自始便是我们这个城市的公共工程，亦即前人所说的"义桥"，故这些附属功能也绝大多数是公益性的。

（一）道头与渡船

道头，也是宁波特有的名词，专指顺江滩而斜向江面之下所构筑的渡船码头，如李家道头、大道头、姜山道头等。这种渡船码头有一个长处，就是无论江水依潮而怎么涨落，行人在道头上船，总是只登一个船头之高就行。

桥梁一般都以渡口为址。所以，灵桥门外之有舟渡，历史比浮桥都早。

从唐长庆三年（823）始建灵桥至南宋乾道四年（1168）的345年中，志乘碑记仅录得5次修桥，平均间隔达69年。根据当年浮桥的形制，可以推想其在半日潮型且每年夏秋常遭台风、山洪袭击的鄞江上的存续时间不会太长，而浮桥中断年间，只能以舟渡济人，甚至还可进一步猜测以船渡人的历史不短，故此地有"东津"之名，约在南宋乾道之后，灵桥之所以又名"东津浮桥"，或许就是这个原因。

"浮梁以济舟楫之所不及，渡头又以济浮梁之所不及"，故唐宋时的灵桥门外，应是一种桥、渡相继的交通方式。到了南宋淳祐二年（1242）陈垲修桥后定下"秋飓卷藏"之制后，这条沟通城里与江东的交通线，实行的是桥渡相辅方式。

随着形制的进步，浮桥贯通时间亦愈益加长，船渡也便愈益沦为辅助的附属地位，但浮桥毕竟不是全天候的固定桥，故舟渡始终伴随着浮桥终生。

方志上对这个东津渡的记载很少，可以推想的是这个渡口应属官渡[1]，陈垲定下卷藏之制后，规定在风季时"取水军脚船，四济行者"，这个"军"字，点明了东津渡的官办身份。

宋时，官方曾对津渡实行过"买扑"[2]，桃花渡即如此。由于渡口包税制弊窦丛生、害民至甚，制守颜颐仲便取缔之。但官渡不是义渡，故颜氏为渡费定了官价——每人二钱。

推测这个规矩一直沿袭至民国，因为1933年9月18日老江桥被风刮船撞而中断时，当年报道有"买棹渡江"之语。

（二）施茶凉亭

元延祐二年（1315），里人张明五建亭接众普施茶水，兼便桥夫憩息。

---

[1] 浮桥西堍以北，有南官道头和北官道头（见光绪《鄞县志》卷六），前者为原芥子道头，在今灵桥西堍北侧；后者即大道头，即今江厦桥西堍附近。

[2] 买扑，即宋元时期的一种包税制度。宋初对酒、醋、陂塘、墟市、渡口等的税收，由官府核计应征数额，招商承包。包商（即买扑人）缴保证金于官，取得征税之权。后由承包商自行申报税额，以出价最高者取得包税权。

绘画《路不拾遗》（载《点石斋画报》，光绪十年六月上浣第九号，1884年8月初）

（三）长庚会

清乾隆十三年（1748），邑诸生张宗瀚等人集资置产成立"长庚会"，在浮桥上添设夜灯。

（四）广济会（草荐会）

清乾隆四十年（1775），创立广济会，置田三亩五分、市屋七间，租钱充费，购买草垫交桥东关帝庙住僧就近打理，于桥面铺设草荐，"雨则铺开，晴则卷过"，以防天雨行人倾跌。

（五）济生公所

清同治五年（1866），设济生公所，公置市屋三间，租钱充费。雇小船两只，日夜轮视，遇有覆船，招呼两岸渡船援救，每救一人，赏钱一千六百文，货物检归原主，酌给酬资。

（六）平政祠

"平政"，语出《孟子》。亚夫子认为，以车轿（乘舆）拉人过河，莫若架桥河上，使人人可得济之。前者为小惠，后者才是为政者所当为，是为平政。故纪念、祭祀修桥者之祠，名为"平政"，至为贴切。

平政祠，位于灵桥西堍，建于明万历年间，原为祭祀有功于浮桥的前后二任知府蔡贵易、张文奇而立，约建于明万历十八年（1590）。后遭火灾，遂寄像于廛舍，即以平民住屋为祠。清咸丰元年（1851），"移至大教场侧浮桥厂中"（在今江东南路大石碶附近），并明确平政祠之为祭祀修桥劳绩者的专祠[1]。民国纂修的《鄞县通志·政教志·祀典》，列有平政祠，祀主共46人。这表明经过1930年前后的"打城隍"运动[2]，平政祠被保留了下来，成为当局认可的地方公祭祀典之一。

---

[1] 见光绪《鄞县志》卷十二。
[2] 见罗惠侨：《我当宁波市市长旧事》，载《宁波文史资料（三）》。

〔二〕灵桥筹备史话

茄姆生像

1936 年 6 月 27 日，改建宁波老江桥筹备委员会举行钢构灵桥通桥大典。在是日中午的欢宴上，筹委会方面的总设计师兼总工程师、上海公共租界工务局之英国人茄姆生发表感言说："在英美各国，知地方之伟大建筑，必向他方借款，或由国家征捐抽税集资，以竟其事。未睹有如中国人民之为地方事业，由人民出钱捐助成就，此举实为难得。"[1]

其实，如果将茄姆生所说的"地方之伟大建筑"理解为地方公共工程甚至公共事业（如教育、医疗、慈善、救灾、修史等），则令茄姆生所惊奇的，在宁波却习以为常；但如果将茄姆生所说的"地方之伟大建筑"理解为如灵桥那样的现代大工程，那么放眼五湖四海乃至四洋七洲，灵桥也的确是个惊世杰作，因为在中国，非京畿大邑、军事重镇之路桥多由民资捐修，但迨至清末，将传统桥梁改建为现代桥梁时，则绝大多数用官资、由官办。不过，四明一向不乏传奇，在灵桥之前的三十年，1907 年完工的钢桁梁架式的奉化方

---

[1] 1936 年 6 月 28 日《时事公报》。或许茄姆生钦佩至深，乃向灵桥捐款 4000 元。而以外籍人士入祀中国生祠（平政祠），茄姆生或为千古一人。

约 1870 年的奉化老方桥　　　　　　　　1907 年改建完工后的奉化方桥（沈建国提供）

桥[1]，也是由民资民办的成功改建、华丽转身之例。但比起方桥，灵桥为城市桥梁，它的筹备兴建所要解决的，就不仅仅是技术问题和筹资问题，而涉及地方政治、经济、社会诸方面关系的协调，显然不是一蹴而就的工程。

　　金臻庠在《重建灵桥纪念册》跋中说："桥昉于唐，迭毁而迭修，迭修而迭毁，亘千余年而迄于今，卒能踵事增华，焕然一新，有似非偶然者。"

　　的确，当我们沉浸史海日久，便知灵桥的诞生有它的必然，而同时发起的新江桥改建倡议，其所以甬沪两地乡绅"乘其余勇"（陈宝麟语），十来年而仍囿于纸上指画者，亦有时过境迁的宿命[2]。

---

[1] 位于奉化方桥镇的老方桥，原为五孔石拱桥，光绪廿七年（1901）圮毁，后由鄞奉绅士筹集巨款，延聘外国工程师绘图估工，于 1905 年 6 月 25 日（农历五月廿三）开工（《申报》），1907 年落成。桥长 85.5 米，宽 6.02 米，钢架总重 87.5 吨，桥面铺以木板，据说为德国人设计制造。共费鹰洋 70013.586 元，小洋 23346 角，规银 100 两，钱 53500 文（据方桥碑记，2006 年 6 月 20 日立）。2007 年 5 月 23 日，钢质方桥被船撞塌后，于原址另建新桥。
　　倡议及捐款人之一，孙高雷，字廷源；同事，张守澜，字文川，孙氏之"建方桥也，后先奔走，守澜之劳最多"。《鄞县通志》有传。1906 年 10 月 21 日《申报》之"孙雨菖司马、张友笙中翰"当指此二人。孙高雷，鄞县北渡人，1912 年 7 月逝世（1912 年 7 月 31 日《申报》）。

[2] 1922 年八、九月间，应鸣和与穆子湘创议新老浮桥一并改建。灵桥落成不久，宁波旅沪同乡会即筹建两地新江桥筹备会（1936 年 7 月 9 日《时事公报》）。战后改建声再起，至 1949 年 4 月 20 日后，再无改建新江桥之报道了。

一、三次筹备简史

(一)第一次筹备(1922.8—1924.9)

1922年8月6日,飓风坏桥。商民应鸣和即于是月呼吁改建老江桥,旅沪同乡会穆子湘首先赞成,17日函请同乡会开会集议。同乡会遂于27日转函宁波总商会和县议会,9月4日宁波总商会对此做出响应,于是开启改建灵桥第一次筹备行动。陈树棠将其当年的毕业论文及前制之图,分寄甬地各机关。

1922年9月25日,老浮桥厂召集讨论改建办法,并由戴瑞卿、卓葆亭、沈景荣、史祖安、陈翰章、史济训、任桂棠、唐懋昭、叶贤宾、邹之实十人,各出洋100元,存储巨康钱庄,以为首倡。

10月5日,由袁履登、穆子湘介绍的德国工程师海尔门,偕同顾道生、山睛舫、胡仁寿、顾志浩等抵甬,由应鸣和、柴莲浦、应道生、周桂良、史济训、邹光明、王诗城、应莲赓、叶贤宾等陪同至老浮桥测量。起初拟具的建筑方案为可启闭桥梁,后又有德工程师主张建筑三眼大桥,不设开关。县议会议决不设开关。

10月8日,市民公会召开委员会议,委员包正科提出老浮桥改建议案,议决该会对老浮桥改建责无旁贷,应予响应。并分别通函向各地同乡会、宁波商会、县议会接洽,以期众擎易举(《时事公报》)。

10月11日,在桥厂开董事发起人联席会议,出席者:厂董沈景荣、陈含章;发起人:唐懋昭、余润泉、任桂棠、柴莲浦、应鸣和、史济训、杨厚斋、应道生、史祖安、董道惠、周贵良、周憩园、邹之实、叶贤宾等。议决筹款办法,禀呈道尹公署,请发交县议会核议。

10月16日县议会召集会议,议决由参事会联合本埠各团体及外埠同乡,共同组织团体执行,并通告各方参加。

不数日,鄞县议员应会椿、陈峻明、励志、俞馥棠、周纬星、徐企勉、徐志鸿、桑苞、屠怿恒、朱先、胡景文、忻振陶等,亦提出改建老浮桥案,其中包括筹款办法。同月27日,县议会对此案进行讨论,其筹款办法之第五项（"印制通行券，每本百张、每券铜元一枚，每一人经过，须缴通行券一张；车轿以二人计算。通行券设寄售处。桥之两块，派人验票"），当经否决。

11月5日，鄞县议会议决设立桥工局，以老浮桥原有董事及改建发起人等，暨其他各团体共同组织，至此改建之议始成具体化。

11月14日，各团体代表在县学明伦堂开会，推定陈南琴、蔡芳卿、王思成、赵钵尼、周桂翔、朱荃荪、沈景荣等起草《桥工局组织法》。21日通过《桥工局简章十一条》。

1923年3月间，旅沪同乡会先后接到会董司徒克秋等三百六十余人函复，赞成列名发起。

7月22日，投标建筑老浮桥工程在上海协泰洋行，由袁履登、穆子湘、乐振葆、戴耕莘等监视开标。最高价49.5万元，最低价21.1万元。

12月15日，宁波旅沪同乡会讨论重建老江桥事，推举陈蓉馆、钱雨岚、孙梅堂、穆子湘、董杏生、袁履登、戴耕莘7人为筹备员，会同甬地筹备处协力进行；沪甬两地各设筹备处；议定筹款目标二十万元，旅沪同乡会负责一半，旅外各埠同乡拟各筹四分之一。

1924年3月间，在沪乡人响应踊跃。

9月25日，直系军阀孙传芳自闽入浙，守衢州之卢永祥部师长潘国纲败退宁波，10月13日宣布"浙人治浙"。第一次筹备"卒以江浙战事，地方不靖……而改建老浮桥之举，遂至偃旗息鼓，无形消灭矣"。

（二）第二次筹备（1926.8—1927.2）

1926年8月24日、25日，飓风激流冲垮浮桥，造成人员伤亡。甬上改建浮桥原有发起人复又旧案重提，建议成立桥工局，由此第二次筹备改建行动又兴。

1926年8月29日，应鸣和、史济勋、应道生、唐沛然、史祖安等议定通告原发起人开会讨论，并致函参事会，请依民国十一年（1922）县会议决改建老浮桥案，设立桥工局，克日组织成立。又函请旅沪同乡会，照原决议筹募经费。

第二次筹备时改建方案的桥样

9月16日,乐振葆、严康懋陪同上海工部局派出之罗德洋行西人来甬测量。建议的改建方案为三孔钢筋水泥桥。因桥厂地处僻远,甬方筹备处迁至咸和号楼上为临时办事处。

10月13日,在翰香学校开沪甬联合大会,议决推举虞洽卿等二十余人为沪甬筹备员。甬方除当日到会者外,具函各业推派两人加入筹备。估算改建费、购地购屋租屋并移搭临时浮桥等费,暂定六十万元。沪方负责三分之二,甬方认三分之一。筹款办法:向殷富户劝募、宁波城乡各商号按照全年房租捐募一成(房东房客各出一半)等项。

上海筹备员孙梅堂,代表李孤帆提议,该桥建在三江口,并造三条,即三角桥。一由江北通江厦,一由江北道以东,一由江厦通江东,如此桥落成,即可一劳永逸,而宁波市面,当亦大受裨益。唯经费约需150万元,并将计划图表呈道尹朱文劭,后经众讨论多时,议决在一月内如能筹足百万,即照此实行。否则筹60万元,以作改建老江桥之需。

工人顾纪来[1],不请自入会场,向众痛陈老浮桥有改建之必要,请求

---

[1]《宁波旅沪同乡会月刊》及《宁波市政月刊》均作"顾纪来",而《重建灵桥纪念册》及《申报》均作"顾纪才"。因前者为公文所称呼的名字,故当以前者为是。

官厅及地方人士积极改建,并当场认募200元,自捐100元。

参加10月13日沪甬联席会议部分人员名录:

袁礼敦、李孤帆、陈蓉馆、张申之、严康懋、林芹香、道尹朱文劭、应鸣和、徐镛笙、乐振葆、孙梅堂。主席朱文劭,司仪陈蓉馆,陈器伯、张葆灵记录。顾纪来不请自来,并认捐300元(其中自捐100元)。

甬方发起人各出筹备费100元者24人,出50元者1人,除第一次筹备10人外,其余15人为:钱芳洲、邵春沼、顾麐耿、周憩园、姚和清、穆子湘、应鸣和、董道位、杨厚斋、应道生、王贤通、邱秉衡、严康懋、严美珍(以上100元)、徐镛笙(50元)。

10月18日,举行第一次筹备会议,推定张申之、严康懋、郁桂芳、金梦麟、陈器白、应道生六人为筹备会干事。

10月27日,该桥改建筹备干事严康懋,特携德国博克威工程师,前往该桥测勘。闻该工程司以该江岸并非十分辽阔,倘建三洞桥,恐阻碍水流。且水质颇咸,即钢骨水泥,亦不耐久,故不如建全钢桥,上置钢梁,既可永固,且亦美观,而工程亦与水泥桥相去无几云。

10月29日,鄞县知事张兰因老江桥正在筹备改建,赴申捐集经费(《申报》)。而此前之10月2日,旅沪同乡会接宁波朱道尹、张知事公函,为改建老浮桥分发沪上各信。

11月5日,在宁波总商会开筹备会,到140余人,通过甬筹备处章程,推出筹备员60人。发起人当场认捐。计发捐册1410本,每本至少捐募五十元,约计70000元以上。

11月10日,推定张申之为正主任,严康懋、徐镛笙为副主任。

11月14日开第二次筹备会,常务筹备员俞佐庭等三十余人到会,之后,上海方面亦推定筹备员30人。

该会议宁波改建老江桥筹备处,于16日下午三时开会,议定:其一,改换名称为改建宁波老江桥甬筹备处;其二,补推胡叔田为总务股名誉股长,陈子秀为捐款股名誉股长,濮卓云为工程股名誉股长;其三,征求工程专家意见广告,照上海原稿登一星期;其四,推广筹备处房屋,推总务股办理；其五，关于一切事宜，由该股自行召集股员议决之，唯其决议案须公布于全体筹备员(《申报》)。又"推总务股于江桥两堍设置随缘乐助箱四只"。之后，上海方面亦推定筹备员30人。

11月，沪甬两地报纸刊登征求工程专家意见广告，其中宁波照上海原稿登一个星期。

12月，甬人工学士曹孝葵撰《改建老江桥意见书》。

沪筹备处主任乐振葆，副主任陈蓉馆；筹备员虞洽卿、周炳文、钱雨岚、谢莲卿、赵沧蓉、励建侯、张继光、何绍庭、董杏生、穆子湘、陈子埙、楼恂如、孙梅堂、袁履登、方椒伯、余葆三、徐永炎等。

甬筹备处主任张申之，副主任严康懋、徐镛笙；筹备员蔡芳卿、郁稚庵、俞佐庭等。

1927年1月14日，孙传芳部段承泽占领宁波；2月19日、21日、22日，国民革命军省防军、第十九军、第十七军相继进入宁波，宣布进入训政时期。"建桥伟业，至此又告中止"。

(三) 第三次筹备(1931.3.8—1936.6.27)

以1931年3月8日沪筹备处第一次会议为发轫，标志着第三次筹备开始。同月27日张继光偕同德国工程师爱士伯来甬，沪甬两地由是先后成立筹备委员会，分别以乐振葆、陈蓉馆为主任。孙衡甫首捐五万以为倡，于是人心愈奋。综述如下：

1. 桥工

(1) 初时仍设想为水泥桥；曾决定新江桥老江桥同时改建，经费一百五十万元；还曾决定改建桥址设于大道头(即今江厦桥址)。后均弃。

(2) 上海工务局工程师英国人茄姆生及新仁记营造厂经理竺泉通负责测量设计。此设计相当于如今的计划任务书与初步设计。按当年的惯例，更详尽的扩充设计及施工图设计由投标人完成，故最终完工的工程外观式样与初步设计有所不同。

1931年7月10日沪筹备会第八次会议，讨论通过茄姆生的"单眼新桥"说明书,钢构灵桥方案就此确定。茄姆生为宁波老江桥委员会所指定主持施工的甲方工程师。

(3)投标与开标。1933年6月12日沪筹备处第十六次会议,"报告投标者四家:礼和、西门子、康益、孟阿恩,付审查再行定夺"。7月22日甬筹备处第十五次会议,"俞委员佐宸提议,建筑老江桥投标,已将决定承包洋行,须将桥价负责担保,除上海方面已担保外,宁波方面须担保洋二十万元,应如何办理请核议案。议决:决议出全体筹备委员向沪方负责担保"。10月26日沪筹备处第十七次会议,"公决桥工准包予西门子承造"。

(4)德国西门子洋行为建桥总承包商,钢材供应商为德国孟阿恩桥梁公司,打桩及桥面混凝土工程由康益洋行分包,油漆工程由信昌洋行承包。

(5)桥梁工程合同造价486774元。

(6)1934年3月12日改建老江桥委员会(即筹委会)与西门子洋行签订承包合同,约定施工工期自该日起,18个月内完成,约于1935年10月前竣工。实际开工日期为1934年5月1日。

由代收捐款的四明银行、恒巽庄、福源庄、恒隆庄联合向西门子洋行出具存款证明,由恒巽庄出具"填款担保"(相当于现代的"付款保函")。

由上海的汇丰银行为西门子洋行向筹委会出具工程质量担保(相当于现代的"履约保函")。

(7)油漆工程自1936年4月20日开工,至同年5月25日完工,建桥工程也于该日同告完成。

(8)1935年12月11日甬筹备处第29次会议曾提及"桥工似有缺点之处",决议拟具理由,函请沪筹备处设法改善。但具体缺陷究竟为何,《重建灵桥纪念册》没说。查1936年2月3日《时事公报》,有《老江桥落成在迩,筹费与改良工程有新发展,钢铁浸咸水防锈决用水泥保护,经费不敷五万元近正分头劝募,落成之日将卖牒演戏大举庆贺》一文,其中谓:"现已将桥轴四周,改涂最新式水泥,以免生锈。又钢铁桥梁原定涂漆,须隔年重

宁波灵桥全图（来自《重建灵桥纪念册》）

涂，需费每次约四五千元。为永久计，业与工程师商定，改用最新式水泥喷射，厚约八分许，并用铁器锥平，形如光石。"

（9）建成之新桥为"三轴钢筋环桥"，桥中车路阔36英尺，两边人行道各阔15英尺，全桥长320英尺，桥上能经过载重20吨之运货汽车。"钢筋桥梁重455吨，桥面水泥钢骨三合土重697吨，共重1052吨。每一桥墩下面，有100尺长之洋松桩头，计102根。系用新式打桩机及重14000磅之司汀榔头所打下，成斜三角式，斜度共分75°、50°、17°三种。桥面车路水泥三合土厚5.5英寸，以一份水泥、一份半黄沙、三份石子盖面；再浇1.5英寸，以一份水泥、一份石子对拌，不用黄沙。此为上海工部局最新方法，然骤视之粗糙异常，殊不知其功能耐久而不损。人行道水泥三合土厚5英寸，拌法与车路同，唯上面粉水泥、黄沙，滚成钉牙式眼子，则车辆无倾覆之虞，行人无滑跌之患。桥面斜度为5%。"

2. 桥政

（1）组织及成员

制订《改建宁波老江桥筹备委员会章程》，公推旅沪者二十人，驻甬者

甬筹备处委员合影

十六人，公推委员长一人，副委员长两人。乐振葆为沪筹备处主任，陈蓉馆为甬筹备处主任。吴经熊为义务法律顾问。呈鄞县政府备案。

沪筹备处：主任乐振葆。筹备员虞洽卿、何绍庭、谢蘅窗、张申之、孙衡甫、金廷荪、秦润卿、楼恂如、俞佐庭、徐庆云、张继光、袁履登、方椒伯、孙梅堂、王皋荪、余葆三、穆子湘、徐永炎、竺泉通等。后因有委员谢世，陆续递补及增补的有黉延芳、徐懋棠、周枕琴、傅筱庵、朱守梅、方式如、秦善宝、戴耕莘、姜炳生、王云甫、何梅仙、邬志豪。各组召集人有：总务组乐振葆、捐募组暨工程组张继光、会计组俞佐庭。

甬筹备处：原主任陈蓉馆（1931.3—1932.3.27），继之以陈南琴（1932.3—1934.4.30），再继之以王文翰（1934.5.1—1936.6.27）。筹备员沈景荣、周炳文、严康懋、徐镛生、蔡芳卿、郁稚庵、周巽斋、陈南琴、袁端甫、乌子英、洪宸笙、应鸣和、毛稼生、卓葆亭、陈如馨、俞佐宸、徐瑞章等。后因有委员谢世，陆续递补增补的有俞济民、陈宝麟、陈来孙、金臻庠。其中最初（1931年4月）推定的老江桥甬方筹备员为林芹香、徐镛笙、陈蓉馆、陈如馨、俞佐宸、卓葆亭、陈兰荪、周协文、应鸣和、乌子英等。各股主任：总务股陈如馨、工程股卓葆亭、会计股俞佐宸、宣传股金臻庠。

经常列席甬筹备处会议的地方政府官员有：鄞县县长陈宝麟、宁波公安局局长俞济民、鄞县建设科科长倪维熊、鄞县建设科技正施求葳。

沪筹备处设于宁波旅沪同乡会内；甬筹备处曾先后设于宁波总商会、天后宫、都护神庙等处，最后在宁穿汽车公司二楼（今宁穿路西端）。

（2）筹资方面

总投资估算为七十万元。其中桥梁建设五十万元（包括临时浮桥移建费用等），两块拆房让地收购费用十二万元，其他杂费八万元。上列投资筹措，由沪筹备处负责三分之二或十分之七，甬筹备处负责三分之一或十分之三。上海以劝募为主，宁波以征收业捐为主。本埠筹资办法：殷富特捐和业捐征募。其中，业捐征募办法有：

①各业业捐最低限度以两个月房租数目为标准，由本会（甬筹备处）函请宁波商会召集各业同业公会协助劝募之。

②如房租每月在十元以下者折半征募，住户列入殷富捐内征募之。

③甬筹备处向宁波公安局借阅征收房租底册，依照房租底册征收数目，各业同业公会代为征募，于最短期间解缴本处所指定之收款银行或钱庄，填给临时收据，由捐款人持向本处换给正式收据；未入同业公会之各商号，由本处直接派员征募。征收员征收费用：满十万元者，以一厘计算，自十万至十五万以一厘半计算，十五万至二十万以二厘计算。

④自1933年8月1日开始征收，并登报通知；征收业捐捐票，除甬筹备处主任陈南琴（之后为王文翰）、会计主任俞佐宸签章外，加盖鄞县县政府印信，以昭慎重。

⑤宁波商会向甬筹备处转老同元等43家商号函请，关于按两个月房租征募的业捐，要求在房租中剔除"架租"部分。筹备处决议："事关公益，请勉为其难，婉复查照。"（同年11月22日沪甬筹备委员联席会议）

⑥至于同一处店屋，甲店闭歇而乙店继续，则甲店未缴的由乙店续缴；同一商号经迁移后，如未经变更组织者，一律不加重收；仓库堆栈准予减半征募。

⑦特别规定银行业业捐一万元，钱庄业业捐二万五千元，应"从速

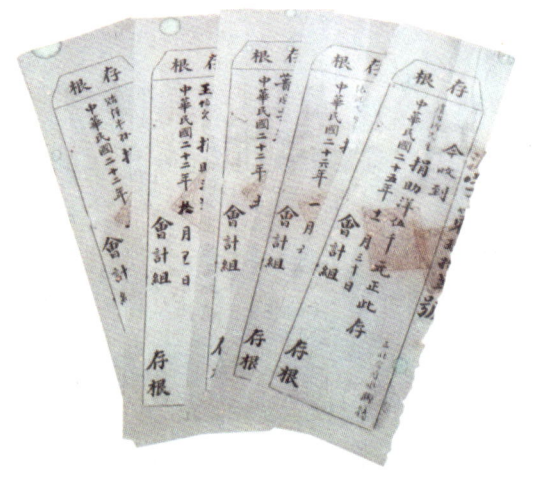

虞洽卿、张继光、王伯元等人的捐款收据（复制品）（宁波帮博物馆收藏）

缴纳"。

⑧到1934年3月，业捐收六万余元，进度不甚理想。于是筹备处决议：函请县政府会同宁波公安局出示晓谕各捐户，五月底止移请公安局办理，征收费用按照决议案1.5%照给，请求公安局定三个月内完成。为此，时任宁波公安局局长的俞济民由王文翰提请而被加推为筹备处委员，俞氏可能因此而设立了业捐征收处，派姚振标（逸群）任事，这也是《重建灵桥纪念册》中有主任姚振标、副主任许家亨着警服肖像照的原因。

⑨拆让土地地价总价十二万不变，筹备处委托鄞县政府评估各业主资产价值并代为支付。

⑩至桥通时仍有欠缴业捐者，1936年7月3日《时事公报》刊登灵桥管理委员会公告，一律停止追收业捐，"以恤商艰"。

据1947年3月5日灵桥管理委员会公布的"重修灵桥收支账略"，业捐总共征募所得为125923.84元，大致与建桥的征地拆屋赔偿费相等。

为鼓励市民捐款，筹委会比照地方善业传统，在第二次筹备时所拟订的奖励章程基础上，于1935年6月19日第3次临时会议上拟定了纪念办法。其中包括修葺平政祠,将本次改建有功人员入祠立神位祔祀,捐款人名录刻石立碑,印行《重建灵桥纪念册》等。

（3）基地收用及民房拆让

先由鄞县建设科按桥堍设计及施工场地之需,测绘房屋拆让范围及分户图,另外临时浮桥两堍亦有拆让。其中西堍拆除后的宽度为66英尺。共拆让四五十户,筹备处确定拆让经费总共十二万元;拆除及赔偿费用支付,均由县府负责。临时浮桥处限一个月内、东堍限十一月底前、西堍限次年三月底前拆让,后曾要求统提前至年底完成拆除。结果直到1934年4月18日第23次会议上方宣告"现已拆除完尽"。

赔偿款可能于拆除腾让时支付60%,桥工告成后余款于1936年的6月8日日—13日才付清。

实行土地政策如下：

①筹备处所赔偿之地价,不足业主土地原价的,所有损失作为捐款,列入纪念之列。

②两堍征用土地,除桥阔外,凡有余地在七尺以上者,由原业主收回。

③奉化众船户代表方采生等函请津贴地价,补偿损失。决议应予加入给价。唯查地较偏僻,应会同县政府组织临时评价委员会,酌减照给。

④征用基地地价临时评价委员会名单：召集人陈宝麟；委员倪维熊、卓葆亭、洪宸笙、应鸣和、凌子贤、马竹泉。

⑤两堍拆让房屋,其余地尚可建筑者,援照县政府筑路征地成例[1],概不给价。

⑥由于草纸街与芥子（解珠）弄废去,其余地"以本会收用价格为标准（每亩七万元）,南面草纸街以毗邻业主优先购买,北面芥子弄已拆余地由业主优先购买。

另有小插曲如下：

---

[1] 此例自宁波市政府时期而来。"自土地征收法颁布后,市府遂规定拆让后余地不足为建筑用者,始行给价。县府接管后……对于拆迁费及地价依法给予。"见民国《鄞县县政统计特刊》第二集（1931年度）。

①改建老浮桥临时桥址决定后,奉化大埠镇船户皇成山、竺宝土、徐昌永、竺能江等,均以事关公益,未便阻挠,但呈请鄞县政府并分函沪甬各筹备处,要求先行指定泊所,认偿期内损失,并改日新桥落成,照样发还三项。后于12月初解决航船泊所。

②1933年11月6日,两堍房主组织联合会,认为桥阔过甚,路面太宽,损害桥堍房主利益,吁请缩减桥阔,以减少拆让。半月后,县府批示:"该民等因公受损,特殊情形,筹备处亦颇为顾及,给予地价自较平日修路征收为优,所请减缩阔度,碍难照准。"后,房主联合会又公推代表到沪筹备处请愿,要求"无关桥面房屋俟打桩工程完竣,仍还业主;拆让后之余地,仍还业主;打桩以外之房屋,请予免拆。请愿结果,甚为圆满,已于昨日返甬复命云"。

③临时浮桥东堍,有两家店屋逾期未拆让,县府函知宁波公安局派警前往强制执行。

④老江桥堍(未知是东或西)有协隆分号,逾期未拆,且店屋凸出、妨碍交通,公民呈具请求执行,"以利交通,而昭公允"。

(4)当地政府的配合

政府要员只是列席筹备委员会的会议(后鄞县公安局局长俞济民、鄞县县长陈宝麟相继递补为甬筹备处委员),根据筹委会会议之决议,配合做好筹委会与各商家在桥堍拆让房屋、基地上的清丈、评估、拆除、补偿、代付等方面的协调、配合工作;代募业捐;在建桥与通航、商业、私产、秩序发生矛盾时,秉持公允与大局立场妥为处置,积极提供行政及司法支持。

(5)筹备会结束后的组织

根据《改建宁波老江桥筹备委员会章程》第九条,"筹备委员会以改建老江桥工程完竣之日为终了之期"。故甬筹备处1936年6月3日第三十次会议决议:"应组织管理委员会,其组织法俟举行通桥大典后,由沪甬两处委员联席会议决定之。"

(6)保存史料

鄞县通志馆在建桥进行时,即向筹委会函请收集建桥相关史料。甬

建桥纪念碑,2015年出土

筹委第三次临时会议议决由委员张申之负责并代为向沪筹委方面接洽。

3. 桥碑及铭牌

(1)开工时有奠基石,上镌"建桥纪念碑"。2015年4月出土。

(2)竣工后,桥两堍各立纪念碑塔二,每塔迎面及向桥道侧嵌镶铜质铭牌,计有《重修灵桥碑记》(陈宝麟撰)、《建桥劳绩者姓名及事实》《当地长官题名碑》和《自捐及劝募者题名》等铜铭牌八方。

(3)平政祠内另立石碑,计有《重修灵桥碑记》《当地长官题名碑》《建桥劳绩者之姓名及事实碑》及《自捐五万元以上者之传记碑》四通。

(4)桥名由谭泽闿书丹,由上海瑞昌五金号用紫铜制作并由邓杰卿捐赠,两副四颗,各悬诸东西两桥门架横梁上。从留存旧影看,大字两旁各有边款,1951年大修后拆除。

(5)西堍北侧拱脚上,原贴有铜质铭牌一块,或为建筑物竣工标识铭牌(记载业主及承包商名称,竣工日期等),早已不存。

4. 桥名

鄞县政府曾转请筹委会将(本埠)"劳动服务团体呈请以老江桥改名为中山桥"作为议案。1936年4月29日沪甬筹委联席会议及5月13日甬筹委第七次临时会议,均坚持"定名仍为灵桥,以保古迹"。

5. 桥址

(1)初设想改为"北首大道头",时有江东公民史镜涵陈述利弊,最终"议决桥址仍设原处"。

(2)原址建新桥期间,老浮桥向南移建于姜山码头,供作建桥期间交通之用。于1934年3月1日搭建,推测于1936年7月初拆除。

6. 收支账目

收到捐款69.1万元,其中业捐12.6万元;售地所得5.3万元;利息及银洋兑益3.8万元;其他收入约0.7万元。合计78.9万余元。

支付桥造价48.7万元,油漆0.3万余元,测量、设计及顾问费1.3万余元,关税及运费3.2万元,筑路驳堪等1.3万元,地价及拆迁12.2万元,临时浮桥修理及迁移1.7万余元,薪给办公费等3.9万元,修理平政祠等1.0万元,助捐元贞桥及总理纪念堂等3.9万元,合计约77.5万余元。

结余1.4万元,移交灵桥管理委员会。

二、清末民初的宁波:曾经波澜壮阔的第三领域

为了便于叙述,这里将借用黄宗智的"第三领域"概念。

黄宗智认为,"在国家与社会之间存在着一个第三空间,而国家与社会又都参与其中"。第三空间,又称第三领域,"它是价值中立的范畴,可帮我们摆脱哈贝马斯资产者公共领域那种充满价值意义的目的论。比起哈贝马斯的公共领域概念,它也可更为清晰地界分出一种理论上区别于国家与社会的第三区域。这样一种概念还可以阻止把第三区域化约到国家或社会范围的倾向"[1]。

于是,我们可以看到,几乎所有的方志,都写满了中国平民在第三领

---

[1] 黄宗智:《中国的"公共领域"与"市民社会"?——国家与社会间的第三领域》,载邓正来编《国家与市民社会:一种社会理论的研究路径》第420页,中央编译出版社1999年3月版。

域创下的传奇。

宁波民间有悠久深厚的热衷于地方公共事务的传统,到了晚清,本埠成为条约口岸后,在西风的吹拂之下,作为外人居留地的江北,又开近代宁波公共事业之先河:19世纪60年代洋关、江北巡捕房建立;19世纪80年代公共市政委员会建立,1898年该委员会改组为江北工程局[1]。值得一提的是洋关(即浙海关税务司)是朝廷在甬设立的中央级机构,无非以国际惯例为组织章程,其税务司一职则聘请了外籍官员。洋关在宁绍台道与英法美领事馆之间起着独特的协调作用,这使得江北外人居留区更像是中外官民共同管理的区域,而且它运行几年后的效果如下:

> 众所周知,那些犯法者宁愿由巡捕房来处理他们的案子,其原因显而易见是他们受到中国官方的惩罚会更严厉,而且会被衙门里的人欺诈。(《海关报告》[2] 第 34 页)

---

[1] 参见《创议建局》,载1898年12月7日《申报》。该局于宁波临时市政府时期着手交涉,到市政府成立后,始得完成移交。该局处归市政府后,罗惠侨任命曹文奎为主任(1927年8月14日《申报》)。该局处之移交,实无关治理主权,而只是中央部门(海关)与地方政府的分权问题,而且其中的"西干事(巴显荣)之薪水,较中干事高出十倍"(1926年8月12日《申报》),于是后人将辞退西人的过程视为主权收归过程。其实罗惠侨在当年有准确的认识:"但税务司办理江北工程处,亦非受命于驻甬外领,乃承宁绍台道之委托,故当临时市政府时代,向税务司交涉移交,易得圆满"。见罗惠侨:《改组前之经过工作及今后设施报告市民与商榷》,载《宁波市政月刊》第一卷第四号(1927)。

[2] 即陈梅龙等译编《近代浙江对外贸易及社会变迁:宁波、温州、杭州海关贸易报告译编》,宁波出版社2003年6月版。本文简称之为《海关报告》。

由浙海关远望老浮桥,约 1870 年摄

可以说,外滩上空飘散着的并不过于熏烈的洋味,使宁波人完全能够把持得住文化自信,以从容不迫地撷取舶来精华,既毋庸照单全收,亦不必一概拒绝。

江北"公共市政委员会,俗称道路委员会"[1],目前所见的史料中最早提及它的是《1882—1891年宁波海关十年报告》,该委员会成员"包括5个外国人和4个中国人,巡捕房督捕被聘为名誉秘书。所有公共市政都在巡捕房的掌握之下,并在他们的监督下工作"(《海关报告》第34页)。1898年之后,该委员会"由6位外国人和6位中国人组成,税务司作为道台的代理人,任主席之职。委员会的工作进展令人满意"(《海关报告》第73页)。

这个委员会的成员名单尚无从得知[2],但可以推想这4位或6位中国人,未必全是官员,其中当有本埠乡绅,而成员中的外国人也不会全是领事官员或中国官员,其中当有外国商人。这个委员会既不是官府的分支或下属机构,也不是纯粹的民间组织,因此,它本身具有鲜明的第三领域特征,而且它是中外官民合作的。

想必当年的市民以及参与其中的乡绅们,看着这样一个史无前例的组织把江北建得渐有现代城市的模样,一定颇有感触,而且也必定有人将

---

[1] 似乎也有俗称"江北马路工程局"的。如:"宁关允拨劝学经费:宁郡当道,前奉省宪札饬设立劝学所,当由宁府邀集绅董会议设立,拟以甬江北马路工程局,每年拨给三千元充作经费。宁府禀请关道移请洋关税务司查核,现税司已函复照办矣。"(1906年12月2日《申报》)

[2] 到1923年时,江北工程局的华董有陈南琴、余润泉、朱旭昌、李庆林、濮卓云、包湘涛、邬错凤、沈崇如,西董有甘福履、巴显荣、陈筱宝等。(1923年11月10日《申报》)

之与职能类似的土生土长的桥厂董事会暗作比较、探究利弊。

自废除科举（1905）、实行预备立宪（1906）的晚清新政发轫，在顺应时势的地方官员喻兆藩的积极推动下，宁波的乡绅们无论在广度上还是在深度上，都空前绝后地卷入了第三领域：光绪三十一年七月二十四日（1905年9月12日）成立府教育会[1]，首任会长张美翊（《鄞县通志·政教志》）；次年，成立带有强烈自治色彩的乡约局，举范翊辰为总董（《鄞县通志·政教志》）；同年，在宁波近代史上有举足轻重之作用的宁波商会成立，以吴葭窗（传基）为总董。"至宣统二年（1910）设宁波府地方审判厅暨鄞县初级审判厅，遂递嬗而为城乡自治时代矣"（《鄞县通志·政教志》），省咨议局、省议会、郡城议会、鄞县议会相继成立。

比起平民加入第三领域的传统方式（如闻性道的《东津浮桥议》），清末乃至民初时已然高度组织化，他们参与地方公共事务不再仅以个人身份或宗族名义，也不再满足于官府设局后受邀加入（如江北市政委员会），而是完全作为组织的主体，在第三空间里与官府分庭抗礼。

辛亥革命以后，宁波出现了许多新型民间团体，兴办的公共事业涉及教育、卫生、城防、市政、新闻、行业管理、慈善救济等方面。假如我们以翻阅老报纸的方式穿越到当年的宁波，我们便能真切地感受到至少在1927年之前，整个宁波的第三领域几乎都是市民的天下[2]。而于1920年10月由朱葆三（佩珍）倡议设立的宁波市政筹备处，则创吾甬现代化建设之始，它在1898年的江北公共市政委员会与1927年的宁波临时市政府之间承前启后。更值得一提的是1922—1927年的宁波城区及江北、江东、鄞东等市民公会。"市民公会是一种区域性的基层自治组织"，比起地方议会来，它的创设与运作，具备更强烈的民间自发和自治色彩。"鄞县市民公会发起初衷，似乎专为市政问题而来。该会发起人称'同人等因鉴于地方

---

[1] 须知此距清廷宣布废除科举仅十天。1905年9月2日，清廷颁上谕："自丙午科为始，所有乡会试一律停止，各省岁、科考试，亦即停止。"

[2] 孙善根《商人治水——上世纪20年代宁波商人水利事业述评》（载《鄞州文史》第十五辑，2013）一文，提供了这方面许多案例。

市政,常由于少数人包办,是以发起市民公会,俾免少数人之操纵,以期大公',并把矛头直接指向成立于1919年的宁波市政筹备处[1],认为'现在之筹备员17人,均非全体市民所公推,应视为非法,吾人组织市民公会,即以反对市政筹备处为宗旨'"[2]。其之所以如此,恐怕是同为民间团体的市政筹备处运营两年以来因为缺乏竞争和民意制约而渐有官衙作风,从而使人们认为有设立具更广泛民意基础的公共组织对之进行监督的必要。到了"1924年3月,宁波城区还成立公会联合会,拟定简章,由各公会推选理事3人处理会务",次年9月推选后来曾任改建宁波老江桥筹备委员会甬筹备处主任的陈南琴为宁波城区市民公会联合会理事长[3]。

鄞县议员、市民公会委员和宁波商会会董们,大多参与了改建老江桥的第一、第二次筹备活动。完全可以说,自清末至训政这二三十年间的地方自治,为改建老江桥的第三次筹备最终获得成功,提供了人员、经验和制度准备。

这些地方名流,虽不是捐款的主力军,却是十四年的改建筹备过程中自始至终、前赴后继的领导力量,他们充分运用了自己的道德感召和人脉资源,动员亲友、乡邻、宗族、同乡会、同业公会和各级官员官府加入改建灵桥的行列,终于使它成为宁波历史上声势最为浩大的全民运动!

以下是推动灵桥改建地方名流的名单,它并不完整。

赵芝室、庄崧甫、赵钵尼、徐镛笙、蔡芳卿、应会椿、林芹香、严康懋、郁稚庵、钱雨岚、钱芳洲、励建侯、张申之、金臻庠、袁履登、陈器白、张葆灵、曹孝葵。

这当中,宁波旅沪同乡会可以说是厥功至伟。没有它,乡贤们对桑梓

---

[1] 宁波市政筹备处,据《宁波市志》(上)第532页载,系成立于1920年。
[2] 《市民公会筹备会纪》,载1922年4月3日《时事公报》。转引自宁波市档案馆编《民初宁波地方自治史料集》第6—10页,浙江大学出版社2012年3月第1版。
[3] 参见《民初宁波地方自治史料集》第12页。

之爱,只能如不成捆的柴禾,星散于荒郊野村,县长陈宝麟即便再有激情,也无法点燃灵桥改建第三次筹备之火。

三、先进工程技术及商业规则之利用

商民应鸣和目睹1922年8月桥毁人亡的惨剧后,呼吁要把老江桥改为现代化的新式固定桥。自此,甬沪两地乡人初衷不改,尽管中间有英国留学生夏国材者,曾有"改建老浮桥不如新建南浮桥之创议"[1],其固然费省事快,但甬人抱定"宁革毋因,宁侈毋俭"[2]的宗旨,根本不为所动。"此桥之应改建为坚固永久之新式桥梁,夫人皆知,毋庸赘述"(曹孝葵语[3])。这当中,不能说没有对现代科技成果之神痴情迷在焉。

采用当时最先进的工程技术,离开其商业交易规则是不可想象的,甬沪两地的乡绅深得个中三昧。因此,尽管筹备委员中不乏营造大家,如张继光、何绍裕、何绍庭、王皋荪、竺泉通等,但从现存种种史料来看,他们均未染指是项交易。而且规则的应用,有效地杜绝了贪渎与浪费,即便到了可以捕风捉影、落井下石的年代,那持续了十四年的筹备史,亦根本没有提供任何莫须有的借口与把柄。

第二次筹备期间,甬籍工学士曹孝葵曾参加筹备会议,会后针对筹备期间所出现的问题,如筹备员无故缺席会议,有人"介绍其所关系之洋行,似专为其洋行作捐客",提出了中肯的批评,对设计、测量(勘测)、投标及施工管理等方面应予注意的问题则详述自己的观点,整篇意见书即使在今天看来,依然符合现行项目管理的原则与惯例,比如,"为工程委员者,应处于公正地位,不得投标或与投标者有任何关系"。从第三次筹备的过程看,这份意见书的各项建议都得到了很好的贯彻。

《重建灵桥纪念册》之"构造说明"中说,灵桥由"上海工部局英工程

---

[1] 见1925年3月23日《时事公报》。
[2] 忻江明撰《重建甬江灵桥记》中语,见《宁波旅沪同乡会月刊》第158期,1936年9月发行。
[3] 曹孝葵《改建老江桥意见书》,载《宁波同乡会月刊》第41期,1926年12月出版。

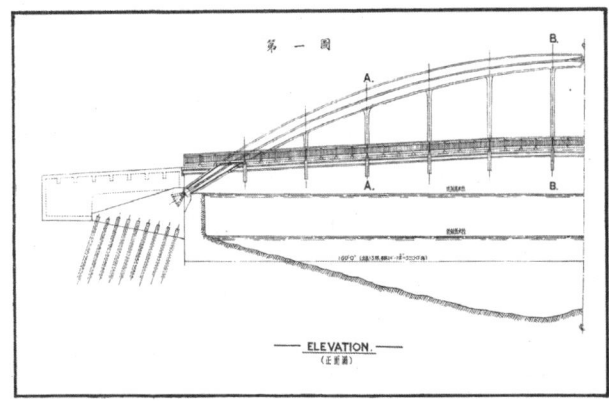

图纸、模型。茄姆生设计的拱肋上下缘,近铰拱处趋于收缩,吊杆分布系全跨均分

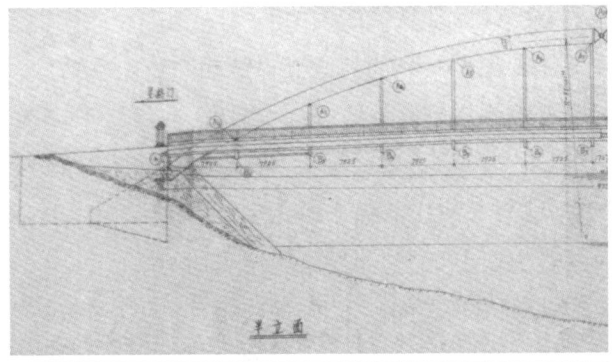

建成的实样。现状,拱肋上下缘在顶铰处平行,近底铰处才趋于收缩;又,吊杆分布系半跨均分

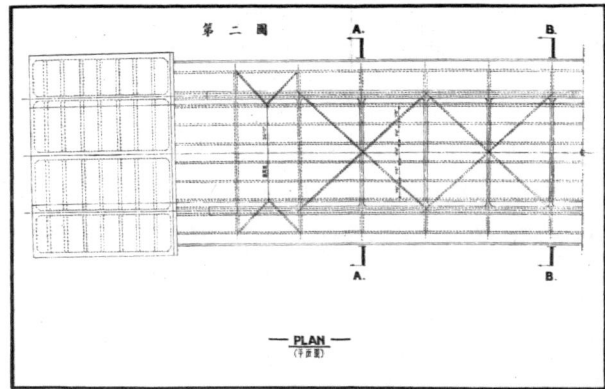

茄姆生设计的上平联呈 X 形

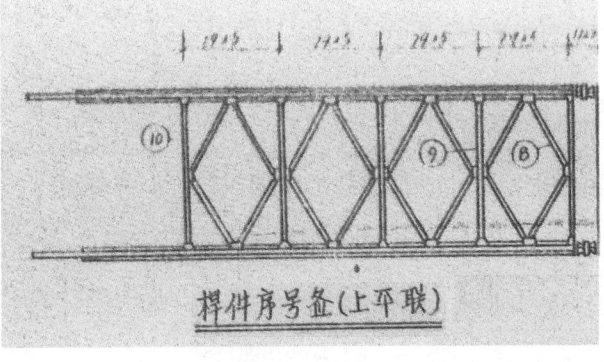

建成的实样。上平联呈菱形

师茄姆生及新仁记营造厂经理竺泉通两先生测量设计"。但实际上,竺泉通主要负责测量,而茄姆生则据测量结果进行设计,因为在迄今能见的甬沪两地筹备处会议记录及茄姆生数次来甬的报道中,未见竺泉通与茄姆生一同出现,哪怕充当翻译。曹孝葵当年的建议是"此项测量,应早日进行,其费用应直接支于桥工用款项下,不可使投标者各加此费","详细测量之报告,必须确示投标者"[1]。这是认为测量(即现代之勘测)工作应由甲方完成,其成果一提供给设计师,一提供给投标者,这与现在做法相同。因此,竺泉通应是受筹委会的委托,对江宽水深潮高地质进行了勘测,应当说他并没参与设计。

茄姆生所完成的设计(考样章程)相当于现代工程建设程序上的计划任务书与初步设计,《鄞县通志·工程志》所载之三张图纸当出于茄姆生之手。这一图示不仅与灵桥现状不符,也与当年的模型有异,从中可以证实我们的猜测。

茄姆生既是设计师,又是甲方单位的总工程师,这是当年的惯例。1930年2月11日与即将卸任的宁波市市长罗惠侨签订了"建筑老浮桥委托设计绘图监督等工作合同"的桥梁工程师王元龄也是如此。但王氏的工作报酬约定为"按照工程总额3.5%计算(但土地征收费用等,不在其内)"。若以此计,茄姆生担任与王氏相同的"设计、绘图、监督等事宜",费用将达17000元以上。但事实上整个灵桥的"打样及顾问"取费为12143元[2],相当于灵桥直接造价的2.5%,且据筹备会会议记录,筹委会付给茄姆生的,是其中的5000元(茄姆生将其中的4000元捐给了灵桥)。而所谓的"顾问",基本上相当于今天的监理费,其中的差额,应该是甲方现场监理工程师沈顺星的工薪。

我们来看几个时间节点:

1931年7月10日沪筹备会第八次会议讨论通过茄姆生的"单眼新

---

[1] 在《重修灵桥收支账略》中也记录这笔单独列支的勘测费,付测验1242.40元。

[2] 《重修灵桥收支账略》中的"付打样及顾问12143.00元",其中总工酬劳5000元。约占灵桥工程合同造价486777元的2.5%。

西门子公司的模型（上图），拱肋上下缘线形与现状（下图）同；模型上平联（上图）与茹姆生设计同，但与建成后的实样（下图）异

桥考样章程"。

1933年6月12日沪筹备处第十六次会议，"报告投标者四家：礼和、西门子、康益、孟阿恩，付审查再行定夺"；7月22日甬筹备处第十五次会议披露"建筑老江桥投标，已将决定承包洋行"；9月17日张继光等偕茹姆生、西门子洋行、康益洋行等来宁波，此后出现模型报道；10月26日沪筹备处第十七次会议，"公决桥工准包予西门子承造"；1934年3月12日与西门子洋行签订工程承包合同，工期18个月；5月1日正式开工；

1936 年 5 月 25 日完工。

从中可知：

其一，整个设计周期长于施工周期。当年的施工图设计，是由投标人与承包人承担的，这与现在做法不一样。那个灵桥实物模型，可以猜测是西门子洋行提交的，也可能是西门子洋行与康益洋行联合提交的施工图设计成果。既然1933年9月出现的模型与后来建成的灵桥有异，说明当时的设计工作仍未完成。

其二，从报告投标者名单，到公决桥工准包予西门子洋行承造之间，有四个多月的间隔，当中则有两家投标洋行（西门子洋行与康益洋行）与甲方工程师携手来甬的经历[1]。想必当初开标的结果或许让茄姆生与筹委会颇为纠结：西门子洋行与康益洋行各有所长，令人难做非此即彼的选择。故而可以推想在茄姆生的撮合下，筹委会与西门子洋行和康益洋行在开标后有过议标过程，从而最终使这两家从竞标者成为建立了总分包关系的合作者。这种预先程序的事后调整，完全出于对甲方长远利益与根本利益的考虑，需要担当和勇气，也需要和其他两家投标人的协调与斡旋，事实证明，这种选择是明智的。

灵桥最终成为国际合作工程：甲方（筹委会），勘测方（新仁记），相当于如今的工程付款保函的担保人（钱庄和银行），工程监理员（沈顺星）是中国人；设计师与总工（茄姆生），相当于如今的工程履约保函的担保人（汇丰银行），来自英国；总承包商西门子洋行，钢材供应商及钢结构施工者孟阿恩，来自德国；分保商（桩基施工方）康益洋行，来自丹麦；乙方施工员师克，来自俄国。

这说明筹委会对这当中复杂的关系具有良好的驾驭能力。我们从第三次筹备期间的甬沪两地筹备会议记录中，没有发现可嫌为民族主义情绪的发言或议案，也没有发现甲乙双方之间，甲方与总工、监工之间，总分包之间有过任何可能导致合作破裂的龃龉与摩擦现象。这反过来可以说，

---

[1] 参见《宁波旅沪同乡会月刊》第 123 期，1933 年 10 月发行。

工程监理员沈顺星

晚年的沈顺星（右二）与家人（沈国强提供）

1935年10月20日，沈顺星（前立者）在灵桥施工现场（来自1936年6月号《建筑月刊》，李本侹收藏并提供）

如果筹委会没有一种胸怀与气度，没有对国际商务惯例的充分理解与把握，这一切都是无法想象的。

四、甘为配角的官府

老江桥改建是一项官民合作的市政工程，但显然，民处于主导地位，而官则为配角。甬方筹备委员会中直到后期始有两名现职地方官员：宁波公安局局长俞济民和鄞县县长陈宝麟，他们因为有筹备员亡故而先后（1934年7月8日和1935年9月21日）递补进入，而此时，筹建各方面的工作大局已定。

在三次筹备中，主角始终在民，官员们大多只是列席会议，表明支持的态度，比如第二次筹备时会稽道尹朱文劭曾参加过在翰香小学举行的甬沪两地共同举办的筹备会，对工人顾纪来的义举表示嘉许（《同乡会月刊》）。有时候也跑跑腿，到上海去劝募经费，但绝大部分时间他们只能搓手嗟叹，一筹莫展。

1927年7月宁波市政府成立后，罗惠侨曾于上任一年后吩咐宁波市建设委员会卓葆亭等着手筹划改建方案（1928年7月11日《申报》），但后来似乎就没了下文。而据老江桥厂最后留任的司事张赉祥披露，桥厂曾于该年起被收归官有（见第83期《宁波旅沪同乡会月刊》）。显见这位充满书生气又雄心勃勃的首批庚子赔款留学生、美国麻省理工学院战舰科毕业的罗市长东里先生是有心充当改建主角的。这或许是宁波市政府存续期间（1927.7—1931.1）民间改建老江桥筹备活动完全停顿的原因所在，人们在冷眼旁观，甚至不乏看笑话者。谁知，就在坊间报章有关罗市长辞职、卸任消息满天飞的光景，他以市长的名义与桥梁工程师王元龄签订了"建筑老浮桥委托设计绘图监督等工作合同"，而那时，市政府已经穷得揭不开锅，"际市建设费山穷水尽之时"[1]。他这离任临走前的壮举，尽

---

[1] 陈宝麟语，《鄞县县政统计特刊》第二集，1932年印行。

管可以说执行年初时所制订的"民国十九年宁波市工程之预定计划"(由工务局长林绍楷公布于1930年元旦那天的《时事公报》上),但明眼人都看得出这是给后任杨子毅出的难题(厚道的杨子毅将合同原文刊载于1930年5月的《宁波市政月刊》上)。

第三次筹备活动所以在撤市并县(1931年1月15日)一个多月后的3月初重又兴起,可能是当时的鄞县县长陈宝麟通过鄞县建设委员会驻沪办事处[1]向宁波旅沪乡绅发出呼吁的回应,也可能是宁波旅沪同乡会通过该委驻沪办事处主动联系陈县长后的结果。3月8日沪筹备处第一次开会;3月27日由乐振葆、张继光偕德国工程师爱士伯来甬,邀同甬上原发起人商议进行办法;4月4日陈宝麟宴请来甬的张继光、应鸣和及在甬的林芹香、庄崧甫等商议改建;5月8日甬筹备处第一次开会,陈宝麟列席。

至此,第三次筹备正式启幕。

将改建老江桥寄望于完全是个民间组织的筹委会,并非陈县长的雄心抱负不及罗市长,而在于陈更为务实。他对市财政及县财政(市款县款)捉襟见肘之窘迫心知肚明,而且他充分认识到,在一段时期内地方财政制度改革以及财政状况改善的步伐很难跟得上城市建设的需要:

> 而其根本原因,则在新制成效未睹之时,而担负已加重。故政府欲求一稳固之财源,宜就可以便民而又生利者为之。[2]

但这种"便民又生利"、与民同富的财政方针,少不济用、缓不应急,根

---

[1] 宁波市建设委员会于1928年6月12日正式成立,计有委员四十名(《申报》);为办事便利起见,于上海设立驻沪办事处,旋又改称宁波驻沪建设委员会。自市府裁撤后,市建设委员会随之撤销,唯驻沪建设委员会则为便利旅沪同乡讨论建设事业进行及接洽起见,仍予存在,附设于宁波旅沪同乡会(《鄞县建设·第一集》)。又:1928年5月13日(旅沪同乡会)接宁波驻沪建设委员会函,为请参观就职典礼事(《宁波旅沪同乡会月刊》1928年6月第59期)。该处成员名单未见,但张继光或为成员之一。

[2] 陈宝麟《弁言》,载《鄞县县政统计特刊》第二集,1932年印行。

灵桥施工情景：拼装桥拱梁（来自1936年6月号《建筑月刊》，李本侹收藏并提供）

本无法支撑陈县长心目中的建设蓝图[1]。另外，训政至此已经四年，像罗市长那样忠实地执行国民党的收权于民的政策、大幅度地挤压市民参与第三领域活动空间的做法[2]，已使官民之间空前隔阂，这对地方公共事业并无好处，而对官员本人则是丢失民意支持的事。陈应当清醒地看到了，以罗收归那些私人团体的慈善事业那样的"你出钱我做主"的政策，除了将车轮变包袱外，毫无积极意义。因此，陈对老江桥改建，虽然也有罗那样有心无力的遗憾，但他最终选择了以配角身份寻求与民间的合作——这正是他的过人之处。

---

[1] 陈宝麟有《鄞县建设事业五年计划》，1932年7月30日县政会议修正通过，并呈省政府建设厅核准。见《鄞县通志·工程志》。

[2] 陈宝麟："鄞县原有救济事业多系私人团体所举办，如育婴、恤孤、恤嫠、贷款、施医、送药、养老、施茶、残废、保良、施材、掩埋等机关，约三四十所。其由政府所办者，仅残废院与济良所。市府成立后，因各机关均在城区之内，故划归市府监督。……除各所原有款产外，并酌拨市款补助，初因原有各机关与城乡均有关系，且其事业范围又均系包括全县，仅非限于城市一隅，故初虽会商拟市县合办，嗣因县款窘绌，对于经费不能多担负，市府遂径自独办"（《鄞县通志·工程志》）。其他如收归浮桥厂、打城隍、第二屠宰场改为官办等，至少都不是可以获得民意支持之举。参见罗惠侨《我当宁波市市长旧事（1927.7—1930.1）》，载《宁波文史资料（三）》。

灵桥建设期间架设于姜山道头的临时浮桥（按：市志误为新江桥）（来自《宁波市志》）

　　第三次筹备中，宁波方面承担的资金筹措为二十万元，其大宗为业捐，即于城区房捐加征两个月的那部分。业捐近乎税，可目为摊派，事实上业捐的征募，也的确动用了宁波市公安局的警力（房捐征收机关即该局）。但就业捐的征集来说，曾经当时的筹备委员会、商会及各行业公会讨论同意，程序到位，实际操作中其所遇阻力也比拆让房屋来得更小。这或许说明第三次筹备中的业捐，比其他正税性质的"房捐""杂捐"更近于捐款的本义。

　　以陈宝麟为首的鄞县政府，充分认识到了与民合作的必要性，故在整个筹备期间，对筹委会所有成员都能予以足够的尊重，认真落实筹委会的决议，完成筹委会交给的测绘、估价、拆迁、移桥、通航、办妥手续、转付地价、协调关系、处理纠纷等项工作。

　　当我们沉浸于当年的会议纪要中，会形成县府县官似乎是筹委会下属的错觉，真是难得一见的历史奇观。

五、平政祠的新生

　　《重建灵桥纪念册》照录《鄞县通志》所列祀主姓名，然后说：

左四十六人,皆为有功于灵桥者。自唐长庆三年建桥以迄清末,桥之屡坏屡新得以不废者,左列诸公,实后先发起兴修之。甬人念其德,为设祠以奉之,祠曰"平政"。旧例于春秋祭祀,由道委府主祭,此典至民元停止。平政祠之旧址在桥之西堍芥子弄[1]后,旋因市面繁荣,其地改筑街房,乃将祠舍出租生产,迁祠至江东大教场。其后尹武两姓,因争址地而涉讼[2],由政府断为公有。新桥未建以前,以其地为修理桥船场所。今新桥既成,仍其祠于桥之东堍。

水银收藏的《重建灵桥纪念册》中有两张补页,其中一张有落款日期(民国三十六年三月五日),另一张没落款日期的补页上又加祀方国珍、张明五、周文学3人。其中周文学待考。

光绪《鄞县志》云:"考三公(指邹希贤、卢若腾、陆自岳。——水银注)未尝修桥,而有德政,以有举莫废之义,祔祀东室。"实际上,还有杨钟英,也如此。相比之下,创造了灵桥经营史上"役法最善"的方国珍,连他的手下郎中张启原、县丞麻直也入祀平政祠了,但方国珍居然不在平政祠祀主之列,就实在太委屈他了。好在1936年总算有人想起了方氏之于灵桥的德政,他这才在平政祠立世的最后几年得享祭食。

钢构灵桥落成前,平政祠经过一次修葺,增加了捐款500元以上者、经募1500元以上者,以及三次筹备活动中沪甬两地老江桥筹备处委员、当地长官等上百人,入祠祔祀。

1936年6月27日,宁波举行灵桥通桥大典。是日清晨六点,老江桥筹备委员会和参加典礼的中外官员、各地嘉宾,在平政祠祭奠前贤与感恩当今有功者,然后才拉开那天我们这个城市狂欢的序幕。

祔祀平政祠者,当年绝大多数都健在,故平政祠恐怕是中国历史上空

---

[1] 芥子弄,又称戒珠弄、解珠弄,旧址老江桥西堍北侧,东西向。具体位置见1914年《最新宁波城厢图》。1934年8月,为拓宽灵桥桥堍之需废去。见1934年8月14日上海《宁波日报》。
[2] 据《重建灵桥纪念册》所录之《老江桥厂内勒石碑语》,控争该涂地的,是朱、尹两姓,后由宁波府断归桥厂,由当时的知县武新安丈量钉界。武新安,道光二年署任,三年十月调德清(乾隆《鄞县志》卷十八)。

1936年通桥大典（来自《宁波旧影》）

前绝后的公立之生祠，这在传统国人的心目中，入祀这样的祠堂，每年春秋得享官民公祭[1]，无疑是莫上之荣光。故灵桥筹建中这种劝捐褒奖制度，也实在是了不起的创举。

值得一提的是，英国人茄姆生因将设计报酬5000元中的4000元捐给了灵桥工程，而成为平政祠唯一一位外国神主[2]，这也算是中外文化交流史上的一段佳话。

依筹备委员会所制订的纪念办法，各商号应推代表人以便书神主牌位供于平政祠，但由于《重建灵桥纪念册》编纂时间仓促，许多业捐单位及以捐款公司、堂号的代表人姓名多有遗漏，故《重建灵桥纪念册》中的捐款人名录与平政祠神主名录之间有好些出入，时至今日，欲厘清关系，

---

[1] 如，1947年9月10日《宁波日报》："灵桥管理委员会昨举行常会，议决要案多起，并公祭平政祠。"
[2] 桥基施工方康益洋行后来也捐款5000元，按褒奖办法，其大班丹麦人考立铁，也应衬祀平政祠。不过，迄今未见诸文献记载证实。

恐怕很难。

抗战胜利后的1947年春,灵桥管理委员会又修过一次平政祠[1],其1949年的门牌号为江东演武街101号。1949年9月20日,平政祠在内战末期的空袭中遭遇空袭炸弹,六间房屋全部被毁[2],自此黯然谢世。

---

[1] 1947年3月5日《时事公报》。
[2] 平政祠门牌号码及被炸消息来自1949年10月23日印行之《宁波人报特刊:匪机轰炸宁波暴行录》。

【三】

灵桥善举史话

一、从工人顾纪来说起

1926年10月13日沪甬联合大会在宁波仓基街翰香学校召开时，工人顾纪来不请自入会场，当众痛陈老浮桥亟须改建之必要，请求官厅及地方人士积极改建，并当场认募200元，自捐100元。与会的会稽道道尹朱文劭赞叹道："皆如汝之热心，即金桥亦可成。"(《重建灵桥纪念册》《申报》)

1927年7月宁波市政府成立伊始，顾纪来为老江桥改建事致函罗惠侨市长，禀请市县政府"邀集官绅会议以利进行"。其时训政伊始，罗市长对灵桥改建恐怕已有主张（集民资，由官办），故只将顾纪来的函件批转予桥厂董事会，吩咐该会"按照向例，继续维持，即日雇工修理，以免危险而利交通"云云（民国《宁波市政月刊》第一卷）。

1929年11月严康懋逝世吊唁期间和1930年5月虞洽卿母举丧期间，顾纪来都曾先后拜谒来宾，呼吁继续推进灵桥改建，其热心始终不渝（《宁波旅沪同乡会月刊》第83期）。

此后，从第三次筹备起直至灵桥落成，顾纪来的行踪再未见于报章。如今，我们仍对顾纪来的身世一无所知，只知道他是一个工人，一个普通得不能再普通的市民，除了为灵桥奔走，他一生恐怕再无任何信息值得当年的记者书写、记录。

据改建老江桥筹备委员会制定的《改建老江桥劝功纪念办法》[1]，只有捐款500元以上者，才能列名纪念册、题名碑和衬祀平政祠，何况顾氏捐款在第三次改建筹备之前，所以我们在当年的捐款名录和平政祠神主牌位中，亦无缘见到顾纪来的大名。

我们来算算顾纪来捐出的100银圆，究竟相当于如今的多少钱。

其一，据宁波老报纸，1927年前的米价约每石（75公斤）10银圆，则100银圆可买10石米，计750公斤，目前普通袋装米约8元每公斤，则

---

[1] 载《宁波旅沪同乡会月刊》第144期，1935年7月发行。

通车不久后的西塘情景(桥名铜字尚未安装完成)(来自《宁波旧影》)

100银圆相当于如今的6000元人民币。

其二,以袁大头为例,一银圆平均重26.5克,成色约90.4%,故约相当于纯银24克,如今银价约每克4元,一银圆相当于96元,100银圆相当于9600元。

其三,据《宁波文史资料》,20世纪20年代的工人月工资约在15—30银圆,其中低者,多为纯粹体力劳动者,如码头搬运工、建筑工人等。我们取其中值作顾纪来的月薪,为22.5银圆,如此,则100银圆相当于他的四个月半工资。2012年宁波市企事业单位在岗职工年平均工资为43309元,约每月3600元。同样四个半月的工资,现在宁波职工可挣到约16240元。如此,则顾师傅的100银圆,相当于现在的16240元。

其四,据学者研究,20世纪20年代的中国沿海地区农民消耗于衣食住和燃料四项的费用占他们总收入的比例(即恩格尔系数)为79%,顾氏的收入应当比本地农民要高,但城里的生活支出也相应地要高些,又考虑到1952年时宁波居民的近似恩格尔系数(食品支出占总消费支出比例)

为 70%（《宁波市志》），综合估算，顾氏的恩格尔系数取作 75% 可能较为妥当。如此则说明，顾氏每月所能积攒的金额占他月收入的比例（储蓄率）为 25%，即每月积攒 5.625 银圆，也就是说，这 100 银圆，是他花了近一年半的时间（17.8 个月）才储蓄下来的。而 2012 年宁波市市区居民人均可支配收入 37902 元，人均消费性支出 23288 元（宁波市统计局），储蓄率约 38.6%，每月约可储蓄 1218 元，同样的时间（17.8 个月），现在宁波人可积攒约 21680 元，也就是说顾氏的这 100 银圆差不多约 21680 元。

综上所述，工人顾纪来为灵桥捐的这 100 银圆，可估计为现今的 16000 元至 22000 元。

我们再按顾纪来的这个例子，来算算灵桥改建的总投资究竟有多大。

按上述当年 100 银圆相当于如今的 16000 元计，则 70 万银圆合今 1.12 亿元人民币。按后一数估算，则相当于如今的 1.54 亿元人民币。这个数字，与 2012 年启动的灵桥"大修"投资额差不多。

陈宝麟县长在《重修灵桥碑记》文中说，"是役也，用币七十万有奇，不费公帑，悉输于民"。

那么，灵桥改建工程为什么"不费公帑"呢？实在是因为当年的地方政府"太穷"，而灵桥改建的投资规模又"太大"。

1931 年 1 月宁波市政府撤废，其行政区域及事务于 2 月回并鄞县。3 月县长陈宝麟推动灵桥改建第三次筹备，同月 30 日《申报》披露新老江桥一并改建需费 100 万元。4 月，估算改建灵桥需费 40 万元（同月 5 日《宁波时报》）。而当年，鄞县政府的"预算收入"拢共也才 52.97 万元（《宁波市志》第 1669 页）。显然，这丁点儿公帑，是根本无法满足改建所需的。

灵桥完工时，实际耗费 75 万元[1]。而 1936 年鄞县岁入岁出预算为法币 326.56 万元[2]（《宁波市志》第 1670 页）。灵桥投资规模相当于该年鄞县地方财政预算收入的 23%。

---

[1] 扣除助建杨木碶等项金额及结余移交灵桥管理委员会后的实数。见《重修灵桥收支账略》。

[2] 1936 年国民政府实行币制改革，初以一银圆兑法币一元（后因通货膨胀，这一兑换比例不能再作银圆的法币标价，在此不论）。故在此法币 326.56 万元即相当于相同金额的银圆。

如果按照这个比例来估算,灵桥相当于如今多大投资规模的工程呢?

查鄞州、海曙、江东三区 2012 年度地方财政收入计 227 亿元,故可估算,1936 年的灵桥相当于 2012 年的三区要共同投资兴建一个规模达 52 亿元的大项目[1]!而且是没有现金回报的非商业性大项目!

我们能想象,如今一个 52 亿元的无现金回报的公共项目,是靠募集民众捐款就可以建成的么?

二、宁波地方公益传统

传统中国有发达的中央财政体系,却无真正意义的地方财政,州县支出的俸禄军饷、赈灾救荒、恤嫠拯婴、安济漏泽诸费,本质上都只是中央财政委托地方官府的留存转支。逮至清朝,民间接替官府的荒政救济事业已经较为普遍,至于地方水利、交通等设施的兴建及维持养护,除了为数不多的宏大工程尚须依赖朝廷专项拨款外,绝大多数均由民间捐输。

地方财政体系的不完善,使得官有事权少财权,而民有财权缺事权。故,欲行仁政之官和想做善事之民,双方非合作,无以兴功。兴建项目或兴办公益事业的决策权,看上去在官,其实却在民,一个项目或事业劝募不到足够的捐款,就说明这个项目没有民意基础。这是一种用银票投票的决策机制。显然,它的效率很低,但却保证了每一个项目都是必要的,都是经官民之间长时期充分论证了的,而其筹资、建设过程又大多是透明的,既杜绝了重复建设的浪费,又有效地遏制了造办过程的贪渎。不过,任何一个雄心勃勃的地方官员对这种投资决策机制恨之入骨,却又奈何不得[2],因为辟税征役之权在朝廷,鸠工庀材之资在民间。

清代的老江桥经营之所以未遭如明朝那样被斥为"厉政"之诟病,原

---

[1] 按当年的行政区划来算,鄞县还包括今江北区部分,这里忽略。
[2] 清光绪四年至十一年(1878—1885)任宁波知府的宗源翰(湘文)为疏浚河道而劝捐,因操之过急,致"乡民闹捐滋事",官民关系大为紧张(参见 1878 年 8 至 10 月间《申报》),最终还得靠乡绅"率同就地衿耆分投开导",事方就。

因已如前述,即官民之间在浮桥的经略上找到了最恰当的合作方式。这种合作方式,是现代地方公共财政制度出现之前,地方公益慈善事业得以兴办并持续经营的驱动之源。这同时也能够说明,四明大地上之所以到处能见到里人捐建的桥梁乃至义庄、善堂、学校、医院等公共设施或机构,是因为曾经长期存续着的融洽的官民关系,鼓励了民间人士参与甚至主办地方公益事业的热情,久而久之,则养成了乡人的公益意识,所谓"鄞人好建桥,其性习然也"(《鄞县通志·舆地志》语)。此"性"、此"习",说到底,就是宁波人在这种地方公共事业治理制度的长期熏陶之下所形成的自觉意识。

公允地说,传统中国编户齐民所负之税并不重,但同时平民所承担的公共支出却不低,这种公共支出是捐而非税,捐不捐、捐多少,全凭善主意愿,这当中,就可以看出当年的乡贤公益意识有多强了。

捐建灵桥的善主中,许多人一生都在为乡人、为国家做好事,比如姜炳生、周炳文、严康懋、虞洽卿、陈蓉馆、徐永炎、张继光等。更多的人,则几乎都曾在诸如修建中山公园、华美医院,重修天一阁,编纂《鄞县通志》,江亚轮善后等捐款名录中出现过,至于为义庄、学校、医院、同乡会及赈灾平粜、修桥铺路造凉亭的捐款,在他们的一生中完全可以说是不计其数了。而抗日战争中,乡贤中更有人毁家纾难、散尽私财,如张逸云、竺梅先等。

急公好义、行善施仁,还成为不少宁波人的家族传统,世代相承,如徐桂林家族、秦君安家族、吴锦堂家族,等等。

更有许多善行因为善主不事张扬,如今已然湮没无闻。

捐建灵桥,只是善主们一生功德簿中的一笔而已,却泽被桑梓、惠及后人,怎不令人肃然起敬、感念难已……

右上图为受训归来之灾童教养院学童，途经宁波大江桥（来自上海档案馆，档案号 D2-0-2410）

竺梅先

三、募捐事迹及其记录

（一）重修灵桥收支账略[1]

　　当廿五年灵桥落成之时，曾印发纪念册。其时收支账目尚未结束，拟另印征信录以昭慎重。至翌年编造成稿，正拟付印，而倭寇之难作。今则物价激增，印费浩大，殊感经济困难矣。兹仅将收支账目提要报告，随同纪念册分送。所有业捐一项，因户名众多，不及详列，统希谅之。灵桥管理委员会启，三十六年三月五日[2]。

　　收捐款（自捐）516560.30 元

　　收捐款（经募）48705.40 元

---

[1] 录自《重建灵桥纪念册》补页之一。
[2] 即 1947 年 3 月 5 日。该日《时事公报》载："灵桥管理委员会，于本月三日下午，召开第十二次常会，出席委员卢时宪等八人，主席陈如馨。兹志决议案如次。……（四）印发修桥收支账目征信录，推卓葆亭负责……" 推测两张补页系该日前后印行。

收捐款（业捐）125923.84 元

收利息 36751.46 元

收地价 53191.00 元

收银洋兑益 1429.89 元

收沪筹备处余额 329.76 元

收通桥费 5200.00 元

收人行道费 1341.11 元

共收 789432.76 元

付西门子洋行包价 486777.00 元[1]

付油漆 3569.98 元

付石碑 4420.50 元

付桥块砌石 8542.60 元

付筑路 4202.59 元

付地价拆迁 122098.19 元

付打样及顾问 12143.00 元

付测验 1242.40 元

付薪给膳宿看工 33723.33 元

付关税水脚 32043.35 元

付造平政祠及街屋 10376.07 元

付造临时桥 17535.22 元

付助杨木碶 12546.27 元

付助大河路涵筒 5034.61 元

付助元贞桥 2065.00 元

付助总理纪念堂 1500.00 元

付助造警察局队部 4000.00 元

---

[1] 付方诸项合计数较"共付"数多 7 元。而工程合同包价为 486774 元，可能实际按四舍五入原则，以 486770 元结算，转抄或印刷时可能失误。

付助造道头 200.00 元

付开工及通桥典礼 3000.33 元

付广告 3370.16 元

付印刷文具 1345.74 元

付办公杂费 4071.95 元

付小船租费 1880.00 元

付移交管理会 13751.47 元

共付 789439.76 元

(二)捐款、捐赠人户名录[1]

(1)自捐五万元,两人,计 100000 元。

孙衡甫、徐庆云。

(2)自捐二万五千元,一人,计 25000 元。

秦庆余堂。

(3)自捐二万元,五人,计 100000 元。

忠恕堂,吴启藩,吴启鼎,王伯元,华成烟草公司。

(4)自捐一万七千元,一人,计 17000 元。

方悟春轩。

(5)自捐一万四千余元,一人,计 14093.4 元。

宁波钱业会馆额外捐 14093.4 元。

(6)自捐一万元,九人,计 90000 元。

善通氏,傅筱庵,姜炳生,周炳文,倪挺枝,务滋堂应,静廉居李,金廷荪,张继光。

(7)自捐七千余元,一人,计 7490 元。

连山会馆 7490 元。

(8)自捐五千元,二十三人,计 115000 元。

---

[1] 据《重建灵桥纪念册·碑记》及补页之二整理。

杜月笙，虞洽卿，王老太太（王问涵君太夫人），蔡老太太（蔡琴荪君太夫人），何绍裕，何绍庭，张逸云，黄延芳，厉树雄，周乾康，王子廷，陈思本堂，王皋荪，曹兰彬，边瑞馨，何积璠，项颂如，王养安，宁绍商轮公司（水脚回账），康益洋行，梁星智房，徐树滋堂，徐树德堂。

（9）自捐四千元，一人，计4000元。

茄姆生。

（10）自捐三千元，两人，计6000元。

刘景韩，邵荣春。

（11）自捐二千元，六人，计12000元。

徐杨全福，徐杨善庆，徐永炎，李朱清心女士，朱守梅，陈楚湘。

（12）自捐一千八百余元，两人，计3732元。

庆安会馆1890元，宁波咸货行1842元。

（13）自捐一千元，十七人，计17000元。

倪志涛，三德上人，徐垂裕，范桂馥，吴梓堂，林传信，傅义房，俞国光，吴全记，棉业同人，南山七济，恒巽庄（俞佐庭），福源庄（秦润卿、徐文卿、顾雪岑），竺梅先，竺泉通，邵景甫，范恒德。

（14）自捐七百余元，一人，计730元。

项崇圣730元。

（15）自捐七百元，三人，计2100元。

信裕庄（傅松年、王桂馥），顺康庄（李寿山、应芝庭），通利源榨油厂。

（16）自捐五百元，三十九人，计19500元。

乐振葆，孙梅堂，余葆三，穆启鸿，王静记，袁振公祀，胡瑞华，朱世恩，益昌庄，郑秉权，毛顺庆，虞鹤亭，姜陈氏，寅泰庄，鸿祥庄，同庆庄，恒赉庄，敦裕庄（赵松源、陈鲁琛），恒祥庄（邵兼三），慎源庄（林荣生），恒隆庄（林友三），滋康庄（傅佐臣），赓裕庄（盛筱珊），鄞奉长途汽车公司，通商领券商号联合办事处，朱永思堂，裘良圭，郑叔平，徐瑞甫，陈子廉，俞维惠，王厚甫，王智荣，谢仲笙暨谢孙芝馨，遵贤记，董杏荪，民国日报社，商报社，永耀公司。

1936年灵桥落成时发行的纪念章之一，铜胎珐琅，背面有"周聚兴"戳记，为宁波周聚兴证章珐琅厂所制作（应定云收藏并提供）

1936年灵桥落成时发行的纪念章之二，铜胎珐琅，背面有"贾道忠"戳记（王英兴收藏并提供）

（17）经募人员及金额，计36320元。

徐永炎5500元。

刘聘三、叶氏、俞佐庭、秦润卿各5000元。

穆子湘、乐振葆、王问涵各2000元。

周大烈1700元。

金臻庠1600元。

俞济民1520元。

（18）实物捐赠

瑞昌五金号邓杰卿先生紫铜桥字四颗。

不计实物捐赠，以上自捐533645.40元，经募36320元，合计569965.4元。

（三）平政祠新题名录[1]

乐振葆、虞洽卿、孙衡甫、张继光、金廷荪、秦润卿、俞佐庭、何绍庭、谢

---

[1]《重建灵桥纪念册》补页之二，还新增三位历史人物入祀平政祠：元代张明五、方国珍，清代周文学。以下名单据《重建灵桥纪念册·沿革》及补页之二整理。

蘅窗、张申之、袁履登、方椒伯、孙梅堂、王皋荪、余葆三、穆子湘、徐永炎、竺泉通、王文翰、陈宝麟、俞济民、俞佐宸、沈景荣、周巽斋、陈南琴、袁端甫、乌子英、洪宸笙、应鸣和、毛稼生、卓葆亭、陈如馨、金臻庠、陈来孙[1]、楼恂如、徐庆云、陈蓉馆、周炳文、徐镛笙、蔡芳卿、严康懋、郁稚庵、钱雨岚、谢莲卿、俞国光、南山七济先生、穆启鸿、胡瑞华、朱世恩、郑秉权、毛顺庆、虞鹤亭、姜陈氏、俞维惠、赵沧溶、励建侯、董杏荪、陈子埙、徐瑞章、倪志涛、林传声、三德上人、范桂馥、吴梓堂、吴启藩、吴启鼎、王伯元、傅筱庵、周善通、姜炳生、倪挺枝、杜月笙、何绍裕、张逸云、黄延芳、厉树雄、周乾康、王子廷、曹兰彬、边瑞馨、何积璠、项颂如、王养安、茹姆生、王老太太、蔡老太太、徐瑞甫、王厚甫、王智荣、陈子廉、邵景甫、范恒德、谢仲笙、谢孙芝卿女士、刘景韩、邵荣春、徐杨全福女士、徐杨善庆女士、李朱清心女士、朱守梅、刘聘三、竺梅先、裘良圭、郑叔平、陈楚湘、周大烈、浙江省鄞县行政督察区行政督察专员赵申之、周毓青、王正模、王正模原配庄太君、林莆田、徐怡铭、傅其锟、恒巽庄俞佐庭、顺康庄应芝庭、袁振公祀袁振德、敦裕庄赵松源、敦裕庄陈鲁琛、恒祥庄邵兼三、慎源庄林荣生、恒隆庄林友三、傅氏、陈氏、信裕庄傅松年、信裕庄王桂馥、赓裕庄盛筱珊、华成烟草公司戴耕莘、静廉居李咏裳与李北平及李方太夫人、徐炳辉、徐廷献、梁吟甫、陈葆勤、叶氏、朱安甫、福源庄徐文卿与秦润卿与顾雪芗、周水善通女士、倪微庸、施求臧、方式如、秦善宝、徐懋棠、王云甫、何梅仙（轩）、邬志豪、秦涵琛倪氏及金氏夫人、秦珍荪姚氏夫人、秦泉荪袁氏夫人、秦蕙荪赵氏及李氏夫人、秦运钶张氏夫人、周枕琴、应子云、王静瑞、徐伯熊、冯斯仓、陈绳武、秦康祥、赵芝室、刘文昭、周仰山、阮葭仙、林瑞亭、邓杰卿。

平政祠新题名录，共168人。

---

[1] 原文在此以上，以"姓·委员·名字"称；以下，以"姓·公·名字"称。此处一律简省。

四、散论与散考

（一）关于水银收藏《重建灵桥纪念册》中的两张补页

重建灵桥的收支账目，于抗战胜利后的1947年3月5日才以补页的形式随纪念册分送。所谓"随同纪念册分送"，可能是依1936年通桥后赠送纪念册的名单再次寄送的，前后时隔近十一年。水银收藏的《重建灵桥纪念册》里夹有两张补页，一即收支账略，二为增补捐款人户名单和新补平政祠神主名单。两张大小一样，色泽一样，可以猜测系1947年一并寄出的。不过，现在仍不能完全确定筹委会和后来的灵桥管委会是否只有这一次两张补页。

这两份名单，一是自捐金额500元及以上和经募1500元及以上的捐款人户名单，一是平政祠新题名录，也就是为改建灵桥做出贡献的褒奖名单。为改建灵桥做出贡献，不仅指捐款，还指出力（包括前两次筹备中的有功人员、第三次筹委会成员、政府官员等）；又由于平政祠实际上是公立祠堂，按传统惯例，神主只能是自然人而不能是拟制人（如公司、字号等），故筹委会对以字号或公司名义捐款的，要求捐户另开入祀平政祠代表，于是多有一户数人情形，所以新题名录人数就多于捐款人户数。

灵桥70万元投资，上海方面募集50万元，宁波方面20万元。这20万元，又以业捐为大宗。本来，筹委会还打算另出征信录，以开列业捐贡献者名单，1937年"编造成稿，正拟付印，而倭寇之难作"，事罢；到1947年，因"物价激增，印费浩大，殊感经济困难矣"[1]，又罢。由此不难猜想，每人（户）负担的业捐金额不会太多，故而人户数量必定颇为庞大，估计达数百人（户），以致印刷费与邮寄费令灵桥管委会难以负担。这之后，征信录便失去踪影，不知是否还存世。

又据《改建老江桥劝功纪念办法》第三条，"（六）捐款在一百元以上者，在前条第六项所定予以纪念；（七）捐款不满一百元者，由本会汇刊纪

---

[1] 见上引《重建灵桥纪念册》补页之一的前言。

念册"，即捐款 500 元以下者，由筹委会汇刊纪念册列名记录。由此可以猜测上述"征信录"，还应包括非业捐者的三次筹备过程中的所有捐款人名录，但后来因经费不继之故未能刊出。

另外，因为当时编印仓促，有些捐款人被遗漏在平政祠题名录外（比如捐款 5000 元的康益洋行大班丹麦人考力铁，将刻碑工费捐款的项崇圣等，就未见入祀平政祠的名录），还有些人既不是筹委会成员也不是地方官员，也未见有报道如何有功于灵桥的事迹，入祀平政祠当因是捐款，但在捐款名录中却没能发现（如徐垂裕、冯斯仓、梁吟甫等），有几个女施主，只是留下一个姓氏（如叶氏）……

（二）五通石碑

1936 年灵桥落成时，宁波老江桥筹备委员会共立石碑五通，计有："陈宝麟撰重建灵桥碑记"、"建桥劳绩者之姓名及事实""当地长官题名""灵桥题名录（分刻两通）"；嵌镶于桥两块共四座纪念碑塔中铜质铭牌八方，内容同石碑。

这五通石碑，当出自民国时期甬上刻碑名家项崇圣之手，工费估计 730 元，后来项氏将此报酬捐出。

1949 年 9 月，平政祠与桥块纪念碑塔均被炸，当毁于其时。

1994 年 7 月 17 日《宁波日报》报道："灵桥修桥纪念碑重现。负责灵桥扩建工程的驻甬海军四处昨天在靠近国际大厦的桥拱下端发现解放初期被国民党军队飞机炸崩的建桥纪念碑碎块。碑的

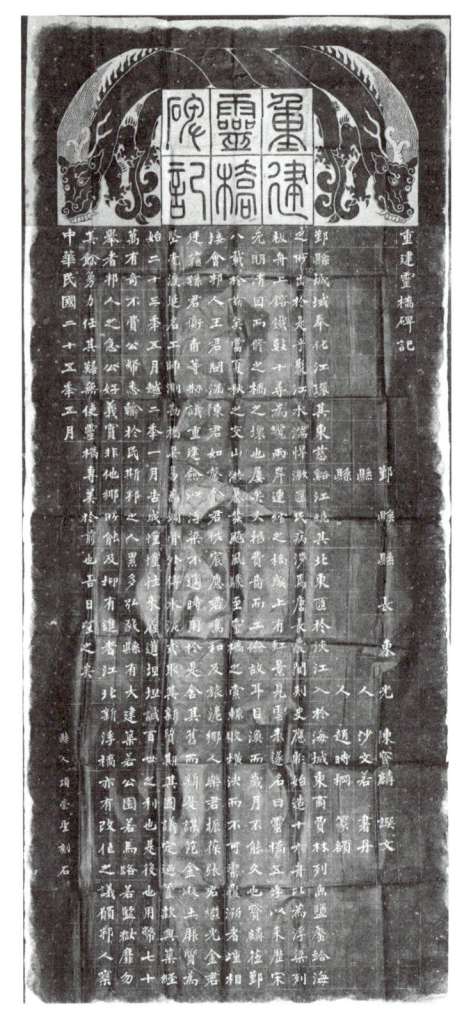

陈宝麟撰《重建灵桥碑记》拓片

出土地点符合文献记载。"另据《宁波市志·宁波大事记(1994)》:"7月15日灵桥扩建大修拓宽工程中,在桥东桥脚发现中华人民共和国成立初被国民党飞机炸毁的建桥纪念碑(当地长官题名碑)、自捐五万元以上者之传记碑及建桥劳绩者之姓名及事实碑的残碎碑石。"(见该志第158页)推测"建桥纪念碑(当地长官题名碑)"实为陈碑及"当地长官题名碑"两通。猜想当1949年9月内战空袭期间平政祠遭炸时,石碑亦毁,1951年大修被用来砌筑此处的江岸了。

目前,只发现天一阁尚存这五通石碑的拓片,而石碑残石亦不知落在何方。

(三)关于宁波方面的募捐金额

宁波当年的地方税,一般以房捐[1]、杂捐[2]名义征收;业捐,则是为改建灵桥而开征的一次性专门捐税,灵桥落成后停征,即使前有逋欠的也不再追缴。业捐的缴纳义务人为租房营业的商户,标准为两个月的房租。非营业的居民住户与以自有房屋营业的商户,"列入殷富捐内征募"。

业捐最终收入125923.84元。从捐款名录中看,至少宁波钱业会馆额外捐[3]14093.40元,王老太太、蔡老太太各5000元,项崇圣730元,属宁波方面的自捐("殷富特捐"),计24823.40元。经募中王问涵(即王文翰)2000元、周大烈1700元、金臻庠1600元、俞济民1520元,计6820元,也属宁波方面募捐。

以上三项合计为157567.24元,距20万元募捐额度尚有相当差额。

---

[1] 房捐自清末举行警政始,盖仿沪渎租界之制也。初仅征商店,民国十六年(1927)设市后乃并征及民居矣,亦税入之大宗也。见《鄞县通志·政教志》。
[2] 屠宰附捐、警捐、广告捐、蟆蚰捐、经忏捐、戏捐、纸业迷信捐、汽轮客票捐、石料捐、车捐、茶馆捐、旅店捐、饮食店捐、花筵捐、舞台捐、熟食摊捐、饮料摊捐、电话捐、筵席捐、奢侈品赏器捐、码头捐等等。见《鄞县通志·政教志》。
[3] 捐款名录中,可能将部分大宗业捐人户列为自捐,疑有重复,故对名录中的在甬商户,不计入甬方自捐金额中。又因为当时对在甬银行业、钱庄业应缴业捐做出特别规定,即分别为一万元和二万五千元,故可猜测,所谓"宁波钱业会馆额外捐"云云,当指钱庄业于25000元外超额捐输的,故列为宁波方面的自捐。

通桥大典盛况（左为海曙）（陈贤焜收藏并提供）

尽管以上对宁波方面的自捐金额的统计可能有不足，但离当时实际情况或许也不远。1936年2月3日《时事公报》报道说："现查本埠街屋捐收入约十三万六千余元，又因工程师膳宿及请愿警等临时开支，为数颇巨，尚不敷五万元之谱，除由该会向俞国光、翁济初[1]两氏筹募各一千元，鄞奉、宁穿、通运三汽车公司各五百元外，并拟将两块基地变卖，及落成典礼卖牒包价（五千二百元）作预算收入，其余不足之数，尚须分别劝募。"

最后，加上桥堍两侧土地出售53191元，卖牒包价5200元。五项总计215958.24元，宁波方面终于完成了20万元的募款任务。

不过，总的来说，宁波方面的劝募效果类似于锦上添花，整个改建过程中，资金跟不上桥工进度的窘迫是始终存在的。此也可见当时筹备之难。

（四）关于收支账略中的"收通桥费5200元"

这5200元应是筹委会标卖通桥大典时关牒销售专营权的收入。1936年2月3日《时事公报》报道说："该会以近来商业凋疲、筹费不易，故决于举行落成典礼时，满桥售牒，以资挹注。已由该会承包与本埠商民

---

[1] 据宁波老报纸，翁济初，即翁瀇明，宁波棉业领袖。但翁最终并未列为捐款人，也未列衬祀平政祠名单。疑此1000元捐款最终列于"棉业同人"名下。

朱仁富等七人办理，计包价五千二百元，业经双方签订合同，包价分三期缴纳，第一期于签订合同时预缴包价四之一，第二期在举行典礼日期前一月内复缴四之一，第三期于举行典礼终了期间缴清。该会并于举行典礼期间，除在该桥两块搭彩牌楼二座外，其余布置，以及演戏等号召，概归承包者自理。"后来，甬方筹委会将之前的开工典礼与通桥典礼费用一并于该项下开支后（计3000.33元）尚有2200元的结余。

1982年7月4日、6日《宁波日报》刊载的《千载沧桑话灵桥》一文披露说："还有人借灵桥'开光'之名，合卖关牒，仅此一项，即骗取下层劳动群众汗血钱达2万元。"这2万元应指操办通桥大典的朱仁富等七人的总收入，除了售卖通桥关牒，还包括彩牌楼上广告位的出售收入，扣除专营权承买5200元及搭建两座彩牌楼等现场布置费用，盈余或许蛮可观。

应该说，这是一项很有创意的商业运作，最终取得了各方皆大欢喜的效果。现在还不清楚当时的"关牒"票价几何，但看1936年6月27日灵桥上人潮似海之情形，估计票价不会太高。

（五）周湘云与灵桥

1928年10月25日《时事公报附刊·五味架》刊载了老奴《说说重修老江桥》一文：

> 老江桥在甲子年被大水冲毁之后，由商会及上海同乡会发起重修，延搁至今，未闻振款积有成数。去年曾有人云，"已捐三十余万，因前年军事招待费用去"。此说毫无根据。只有周鸿孙允出捐款三十万元，独力修建此桥，桥成之后，此桥即以其太翁之名名之。嗣因此桥工费，约在五十万元左右，如系周鸿孙独力捐助，未始不可，若捐款仅得其半，将置众人于何地？于是此议遽罢。按，周鸿孙在上海所置产业，可与陈麻皮比肩，又云"周之产业，有千万之巨"，或又云"大庆里一带房产，业已易主"。唯周虽巨富，宁波市并无若干产业。此次重修老江桥，周欲显扬亲名，自应独力修建，否则照前数捐

出,亦有益地方之善举云。

文中的周鸿孙,即周湘云。周湘云,祖籍鄞县横街,其为时人知,是因为他是当年上海滩的地产大王,其为今人知,是因为他的收藏品如今都是国宝级的。上文说他有意捐款三十万元,"独力修建此桥",并欲以其父之名命名新桥。这则传闻,也并非空穴来风,盖因筹备之初的劝捐办法中确曾有如此规定,以周之财力而言,这个金额的捐款亦不是难以承担。

1933年8月印行的《宁波旅沪同乡会月刊》121期报道说:"现在确实可靠之捐款,计有徐庆云君遗命捐帮五万元,周湘云三万元,孙衡甫五万元……"这里说是周认捐三万元。但我们后来在纪念册里,没有发现有一人户捐三万元的,也没发现周湘云(或周鸿孙)的名字。

难道周湘云食言了?难以置信。

我们在捐款人名录中看到有"善通氏"捐款一万元,然后在平政祠新题名录里发现有"周善通""周水善通女士"两人,显示为夫妻关系。要知道,周母恰好姓水[1]。那么,会不会是周湘云以他父母的名义捐了这一万元呢?

另外,捐款两万元中,那个"忠恕堂",我们至今未能知道他一鳞半爪的信息,似乎也没人"认领"。考虑到周湘云为人处事低调谨慎的特点,我们能不能猜想,忠恕堂是周湘云祖上的堂名号呢?

(六)关于秦余庆堂

秦余庆堂捐款二万五千元,后以秦善宝、秦康祥、秦珍荪姚氏夫人、秦运钶张氏夫人、秦涵琛倪氏及金氏夫人、秦泉荪袁氏夫人、秦蕙荪赵氏及李氏夫人等人为入祀平政祠代表。

秦运钶即秦君安,沪上钱庄业巨商,《鄞县通志》中有传,有子四,其1925年建造的秦氏支祠今并入天一阁文物项中,亦为全国文物保护单位。珍荪为君安次子、承父业,《鄞县通志》有传。善宝为珍荪子,第三次

---

[1] 参见《庆字号租赁王国掌门人周莲塘及其妻儿》,载《鄞州文史》第十六辑。

秦善宝　　　　　　　　秦秉年与母亲　　　"余庆堂印",秦康祥作

筹备中沪方筹委会成员,并为鄞县通志馆第一届捐款董事。秦康祥为善宝子,鄞县修志馆第三届捐款董事,平生好金石鉴赏,精于篆刻,喜收藏名家印作及名家竹刻,其子秉年1997年起将其父收藏的竹雕竹刻以及字画瓷器分三次捐献给宁波博物馆[1],其中尤以竹雕竹刻最为精贵,极大地提升了宁博藏品的级别,为后来宁波博物馆成为国家一级博物馆做出了很大的贡献。

灵桥、秦氏支祠、《鄞县通志》、宁波博物馆,秦家均亲预其事、鼎力襄赞,桑梓受泽厚且久矣!

(七)善主关系

据对纪念册所载捐款人名录统计,捐款人户数共113家,其中堂名、字号与公司44户(其中以括号注明代表人的15人);捐赠实物1人;经募11人,其中兼自捐500元以上者,有徐永炎、乐振葆、秦润卿3人。

这里,结合平政祠新题名录,试着从善主之间的血缘、姻缘、业缘关系入手,以片段史料[2]加猜测的方式,疏理、罗列一下部分善主之间的关系,从中可见当年乡人迸发的巨大能量。

---

[1] 《一个家族的回归》,载2009年5月29日《宁波日报》。
[2] 相关史料除特别注明外,均引自《重建灵桥纪念册》、《鄞县通志》、《申报》、馆藏地方老报纸(宁波图书馆网站)、《宁波文史资料》、《宁波旅沪同乡会月刊》、《宁波帮大辞典》等。

1. 父子关系

徐庆云、徐懋棠。今慈城人。庆云,纱业巨商,遗嘱为灵桥改建捐款五万元。此前,庆云还独力捐助华美医院电话总机,计九百七十余美金[1]。徐氏父子先后任沪筹委会委员。

秦善宝、秦康祥。见上。

穆启鸿、穆子湘。鄞县人。启鸿,米商,于1928年去世,《鄞县通志》有传,其捐款五百元,当由其子子湘代理。子湘经募二千元;其最早响应应鸣和改建倡议,并推动宁波旅沪同乡会自始便主导灵桥改建事,实在功不可没。

陈蓉馆、陈来孙。蓉馆,翰香小学创办人,系第三次筹备甬方筹委会主任,1932年3月27日逝世,《鄞县通志》有传。其子来孙后增补为甬筹委会委员。父子二人捐款未见记录,不知陈思本堂(捐款五千元)是否属该陈家堂号。

2. 兄弟、从兄弟关系

吴启鼎(从兄)、吴启藩。慈溪人。各捐款二万元。启藩,吴锦堂之子;启鼎,锦堂之侄,1936年任四明银行董事长。

何绍裕(兄)、何绍庭。奉化人,沪上营造业巨子。各捐款五千元。

俞佐庭(兄)、俞佐宸。镇海人,以钱庄业起家。佐庭捐款一千元,经募五千元;曾捐资助建同义医院、辛成初级中学、志成小学等。佐宸未见捐款记录。两人分别担任第三次沪甬两地筹委会的委员和会计负责人。

陈子秀(兄)、陈子埙。鄞县人。两氏长于主计[2],均参与过第二次甬筹备工作。子埙,《鄞县通志》有传,袝祀平政祠。

徐瑞章、徐瑞甫。疑为兄弟或从兄弟关系。瑞章曾任宁波市政府财政局局长、中国通商银行宁波行副行长,为第三次甬筹委会委员。瑞甫捐款五百元。

3. 家族关系

徐桂林、徐时栋、徐镛笙。桂林,道光四年捐资修桥,又任桥厂首届董

---

[1] 《宁波华美医院征信录》1930年3月印行。
[2] 参见张原炜撰《蓺里剩稿》。

事。时栋,桂林子,道光廿八年协同乡绅宋绍周等募捐修桥。镛笙,时栋孙,参与第二、第三次筹备,曾任第二次筹备时甬筹备处副主任,桥未成而殁,祔祀平政祠。

姜炳生、姜陈氏。猜测为同一家族。炳生,鄞县人,沪上地产商,沪第三次筹委会委员,捐款一万元,桥未成而殁;为家乡姜家垯建设累计输金四十万,为修《鄞县通志》捐款四万元,《鄞县通志》有传。姜陈氏,捐款五百元。

王文翰(问涵)、王老太太、王正模、王正模元配庄太君[1]。王文翰,奉化人,20世纪30年代初辞官后创办宁穿汽车公司,1934年1月任第三次甬筹委会主任,经募两千元;灵桥落成后,任灵桥管理委员会主任,宁波沦陷时期避走他乡;战后1950年9月初被推为两桥管委会合并后的宁波市江桥管理委员会首次召集人;1951年4月30日"镇反"时被作为首恶处决。王老太太疑为文翰庶母,其捐款五千元,或为文翰所出,俾使王老太太、王正模、王庄氏三人入祀平政祠,既尽孝父母,又襄赞公益。

赵芝室、赵钵尼、厉树雄。赵芝室,即赵家荪,今江北洪塘人。地方名流,举凡地方自治、教育、医疗、公益、慈善、修志等,多大声疾呼、亲与其事;1916—1917年,为保护老江桥及江塘,与林润藻、徐志鸿、冯孟颛等联名上书反对鄞慈镇三县官营产事务所标卖大道头涨涂[2],祔祀平政祠。钵尼,又名伯年,家荪之侄,1922—1926年任鄞县议会议员、议长,参与第一次筹备时,起草桥工局组织法。厉树雄,定海人,家荪外甥[3],曾任四明

---

[1] 捐款名录中为"王老太太(王问涵君太夫人)捐款5000元",但在平政祠之新题名录中却有"王老太太""王公正模""王公正模元配庄太君"三位。1930年12月31日,王文翰为其母庄氏举办八十寿诞庆典(见1931年1月11日《申报》),其后印行之《燕喜集:王母庄太夫人八十寿言》(两册,1931年"宝善堂氏"家印本,水银藏)中披露,王父名炳南,殁时王文周年十三,王文翰年四,端赖庄氏教养。故此疑王正模为王文翰之父,"正模"可能是炳南的谱名。又疑王父另有侧室,即"王老太太"。纪念册中有一帧甬筹备处成员合影,王文翰居中,估计摄于其任主任之1934年5月1日后;照片上的王,臂缠黑纱。故猜测当灵桥落成时,庄氏已故而"王老太太"尚在世。

[2] 见冯孟颛《鄞三江口涂地案》(未刊),天一阁藏。

[3] 参见"风的记忆"(李勇先生的新浪博客):《赵立诚的外孙——厉汝燕、厉树雄兄弟》,http://blog.sina.com.cn/s/blog_9cced17e0101m0v9.html。

电话公司总经理,捐款五千元;并先后两次捐修《鄞县通志》。

李咏裳、李北平、李方太夫人、李祖模。今北仑小港人,前三人以静廉居李名义捐款一万元。祖模代表宁波旅青同乡会为灵桥题词,刊载于纪念册。李咏裳,名厚垣,李家乾仲房次子,经营沙船运输、码头和地产业[1]。李北平,即厚璇,厚垣之乾房堂弟。李方太夫人,厚垣之坤房堂弟厚礽之妻[2],祖模之母。李祖模,李方太夫人第三子,时任山东胶济铁路会计处处长,青岛太平洋保险公司经理,宁波旅青同乡会会长,纪念册中有题词。

徐树滋堂、徐树德堂。疑为同一家族的两房祠堂,各捐款五千元。

徐杨全福女士、徐杨善庆女士。疑为两妯娌,各捐款二千元。可惜,我们连她们在沪、在甬都不清楚。

谢仲笙、谢孙芝卿。夫妻关系。谢仲笙,慈溪人,执业商办轮船招商总局。谢氏夫妇捐款五百元。

4. 同业关系

(1) 财阀、实业与地产业

虞洽卿,杜月笙[3],金廷荪,周炳文,徐庆云,周湘云,谢蘅窗,方椒伯,黄延芳,厉树雄(定海,电话),张逸云(北仑,食品),董杏荪(镇海,洋行、轮船、房地产),曹兰彬(鄞县,木业),洪宸笙(鄞县,木业、面粉),乐振葆(鄞县,钢铁),应鸣和(鄞县,铁行),毛稼生(鄞县,棉业),陈如馨(鄞县,食品),倪挺枝(镇海,五金),孙梅堂(鄞县,钟表),周乾康(慈溪,啤酒),陈楚湘(镇海,烟草),戴耕莘(镇海,烟草),邬志豪(奉化,衣庄),周仰山(鄞县,电力),范桂馥(鄞县,纱厂),何积璠(鄞县,洋行、五金),刘景韩(镇海,纱厂),邵景甫(鄞县,航运、地产),王厚甫(鄞县,呢绒),王养安(慈溪,五金),王文翰(奉化,汽车运输),王云甫(电器、油漆),余葆三(鄞县,洋布),竺梅先(奉化,造纸)。

---

[1] 参见《宁波小港李氏家族》,中国文史出版社,2007年8月版。

[2] 小港李家史料征集编辑委员会2008年8月编印《往事知多少》第67页。李厚礽(1873—1913),字薇庄,支持辛亥革命,英年早逝。

[3] 杜月笙捐款5000元。是迄今所知为灵桥捐款的唯一一位外地人。灵桥落成时,参加过通桥大典。

（2）营造业

张继光（鄞县），何绍裕、何绍庭、王皋荪（镇海，捐款五千元），应子云[1]（鄞县，或以务滋堂名义捐款一万元），邵荣春[2]（捐款三千元），竺泉通（奉化，捐款一千元）。

灵桥落成后，宁波老江桥筹备委员会撰《建桥劳绩者之姓名及事实碑》赞张继光："张君素精营造学，又勇于任事，其募款也，辄挟册登门造谒，捐额既定，随即征收，因之不二年而款大集；其施工也，往来沪甬，寒暑罔间，视若家事，在以不縻公帑为念，共事诸君，盖靡不心折焉。"张继光在甬商业投资项目不少，对华美医院、《鄞县通志》等公益项目也曾捐款。

张继光像

（3）银行、保险业

孙衡甫（慈城，四明银行），王伯元（慈溪，垦业、农民、劝工银行，天一保险），姜炳生（鄞县，扬子水险），徐永炎[3]（鄞县，期货），徐懋棠（中汇、浙东商业），吴启鼎（江浙商业储蓄、企业、四明银行），傅筱庵（镇海，通商银行），俞佐宸（四明银行、浙东商业银行），陈南琴（鄞县，中国银行），陈来孙（劝业银行），竺梅先（奉化，大来商业银行、大沪银行），徐瑞章（通商银行），朱守梅（奉化，通商银行、四明银行），阮葭仙（中国银行），刘聘三（镇海，四明银行、劝工银行），余润泉（通商银行）。

---

[1] 应子云（1880—1969），1900年去沪做学徒。大班阿金森见应子云与政界、金融界人士熟悉，能拉到业务，就聘他做英商通和洋行首任买办（见上海市地方志办公室网站）。又：英商通和洋行曾经是20世纪初上海重要的建筑设计事务所和有实力的地产公司之一。1898年，由英国侨民Brenan Atkinson（1866—1907）和Arther Dallas合伙组建。业务活动一直持续到第二次世界大战。据陆志濂《张继光家族建筑世家传略》（载《鄞州文史》第八辑）一文披露，张继光与应子云私交关系良好。

[2] 《上海普陀区志·大事记》："1900年杨斯盛、邵荣春合资创办瑞和砖瓦厂，在小沙渡路1456号建成投产。为上海第一家机制砖瓦厂。"见 http://www.shtong.gov.cn/node2/node4/node2249/putuo/node40639/index.html。

[3] 参见陈济开：《"快发财"徐永炎》，载《鄞州文史》第八辑。

1934年5月1日改建老江桥开工典礼

（4）钱庄业

楼恂如，秦善宝，秦润卿，俞佐庭，陈鲁琛，赵松源，陈绳武，陈子埙，方式如，冯斯仓，傅松年，王桂馥，傅佐臣，顾雪芗，徐文卿，李寿山，应芝庭，林荣生，林瑞亭，徐伯熊，林友三，刘文昭，邵兼三，盛筱珊，袁端甫，郑秉权。

（5）同业公会

宁波钱业会馆（额外捐），连山会馆[1]（药材商），庆安会馆（船商），宁波咸货行，棉业同人。

这些捐款的善主中，有不少宁波帮闻人，经十几年的研究，我们对以虞洽卿、袁履登、小港李家、吴锦堂、张申之、秦润卿等为代表的群体已经了解较多（遗憾的是，传主在灵桥改建过程中的事迹，大多付之阙如），但对着这份捐款名单，仍发现"新面孔"也很多，比如捐款五千元的王子廷，我们几乎翻遍了现在所能见的文献史料，仍一无所知。好些以堂名号捐款的善堂，至今闻所未闻，甚至猜无可猜，比如捐款二万元的忠恕堂、捐款一万七千元的方悟春轩，捐款一万元的务滋堂应，捐款五千元的梁星智房、陈思本堂、徐树滋堂、徐树德堂，捐款一千元的傅义房、吴全记，捐款五百元的朱永思堂、遵遗记等等，让我们今人的感恩，无处寄放，不免心生愧意。

---

[1] 据张午卿《宁波药行街和药业》一文，"百年前药皇殿，就是冲虚观原址。因药业的发达，于同治年间，在咸塘街集资置产，重建药皇殿，名之谓'连山会馆'"。载《宁波文史资料》第二十二辑。又据《申报》1893年7月14日，"连山会馆在药王殿之侧"。可见至少到了民国年间，药皇殿与连山会馆不是一回事，但药皇殿属药业公会的会产当无异议。猜测连山会馆系药业公会的别称。有说连山会馆系山东商人设于宁波的会馆（徐建成《会馆——三江口昔日的繁会》。载中国宁波网《天下宁波帮》2006年第3期），不确。

【四】

灵桥技术史话

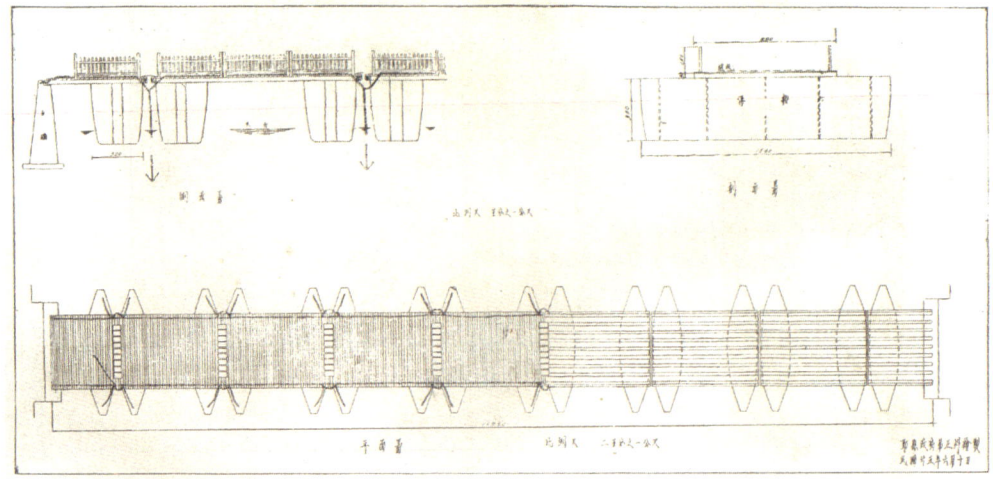

老江桥构造图（来自《重建灵桥纪念册》）

一、浮桥

公元821年，明州州治迁入三江口。过了两年，灵桥就垂虹迤逦，横跨江水。可以说灵桥史，就是宁波城市史，这里的人们对它的敬畏、依恋，是无以言表的。

《重建灵桥纪念册》（下称纪念册）里有一张鄞县政府第五科即建设科绘制的"老江桥构造图"，值得注意的是，此图绘制的时间：民国廿五年（1936）六月十日。当时，钢构灵桥已经建成，通车在即，为建造钢构灵桥而迁址于姜山道头的临时浮桥也存日无多，因此，这图纸恐怕是东津浮桥最后的遗影了。在此迎新送旧的狂欢即将来临之际，当年的人们还能静气屏息地绘制即将退役的浮桥图，想必怀有深厚浓重的感恩与眷恋。

东津浮桥，是中国存续时间最长的浮桥[1]，它在浮桥技术发展史上，有着独特而重大的意义。它的形制已经如此成熟，所以当清同治初年

---

[1] 参见茅以升主编《中国古桥技术史》，北京出版社1986年5月版。在按始建年代排列的全国浮桥中，灵桥排名第六，但前面五座，均早已不存或被改建为固定桥。故作为浮桥的灵桥，其存续时间是中国最长的。

19世纪70年代的新江桥

（1863）在甬洋人架设新江桥时，便没了丝毫的优越感，直接抄袭了事。东津浮桥之"船"及桥梁形式，对近代宁波外滩轮船码头的建设也有着强烈的示范意义，1862年美商旗昌洋行在外滩始建之趸船式浮码头即近乎"甏船"，而1874年招商局所建最早的栈桥式铁木结构趸船码头，实际上与东津浮桥的桥首一节桥排并无太大差别。

（一）民国图纸数据与清道光碑文数据的比较

出处项目	浮桥图纸	李可琼碑	厂内碑语
桥长（米）	109.50	—	117.42（桥总长35.26丈）
桥宽（米）	8.80（桥栏外边）	—	8.66（2丈6尺）
垫船（只）	16	16	16
垫船长（米）	15.40	大小相参	15.65（4丈7尺,5#）
垫船高（米）	3.50		2.86（8尺6寸,5#）

续表

出处项目	浮桥图纸	李可琼碑	厂内碑语
桥面	纵梁,上9下11根,梁间8档,以小木平齐,上铺横排木	为大排木九,以易木板,而各排之下用大木十一株,擎之排木;空缝又用小木八排以平之	—

注:"桥厂碑语"中9个桥排长度合计34.86丈,若八跳之间设空隙半尺,合计四尺,故桥全长35.26丈,合约117.42米。

(二)桥长

南宋乾道《四明图经》卷二:"鄞江跨江浮桥,在县东南二里。旧曰灵现桥,亦曰灵建桥。唐长庆三年刺史应彪建。太和三年刺史李文孺重建。初建桥于东渡门三江口,江阔水驶不克成,乃徙今建桥之地。经始桥基,云中微有形,弯环如虹,众以为异,因建桥于其下,……今名东津桥,其长五十有五丈,其阔一丈有四尺云。"[1]

之后,历代修桥碑记及方志中,均指唐时的灵桥"其长为五十有五,广寻有六尺"(王应麟碑记。按:一寻即八尺),而且也没有像康熙年间李煦那样,记载修桥时的桥长,让人觉得唐时桥有多长,历代修的桥也有多长,是不言而喻之事。

清康熙廿三年李煦的碑文中说"考唐长庆三年刺史应彪始置巨舟十六,盖板长三十五丈,阔一丈四尺,以济行人"[2]。初看以为此"盖板长三十五丈"之"三"系"五"之误,但接下来他记述该年修桥事迹时又说"计造䒀船一十有六,各长六丈八尺,阔一丈四尺,船排九方,共计三十五丈,各阔二丈五尺"。显然,在这里,三十五丈是"船排九方"的合计长度,与

---

[1] 此中的鄞江,即指奉化江流经原鄞县段,包括今城区段。按:桥长55丈阔1.4丈是指"今名东津桥"的浮桥,而未必是唐时所建的灵桥。此中之"今",当指修志时的宋乾道年间(1165—1173)。

[2] 李煦碑文首录于康熙廿五年刊行的闻性道《鄞县志》。

前述唐时"板长三十五丈"是一样的。

如果说，李煦之前修桥、编志者是"以昔度今"的话，那么李煦可能是"以今度昔"了。

道光四年（1824）李可琼那次修桥时，出来了两个数字：一是"江阔三十三丈另"，一是桥排合计34.86丈（厂内碑语）。

（三）江宽

唐时的鄞江是河道，两岸必是浅滩，潮涨时江宽，潮退时江窄，浮桥架于这种潮汐型的江上，早年限于技术条件与经验欠缺，一般都将全部浮船系在两条长缆上，两头则系于岸基的石柱（如宋宝庆二年即1226年，胡榘所修之浮桥有"维舟之缆、系缆之柱"。见宝庆《四明志》卷十二），当潮流冲击船只时，浮桥便会顺着水势或瘪凹或鼓凸，是为曲形浮桥[1]。可以想象，随着潮汐的涨落，浮桥除了上下起伏，还得向南、向北来回凹凸，而且宁波三江口属不规则半日潮，这意味着浮桥得每天两次上起下伏、南凹北凸，这对浮桥系缆的强度是个巨大的考验。另外，在水文更加复杂的三江汇合之处，桥的上下左右摆动更是剧烈，这也是初时"江阔水驶不克成"的原因所在。之后桥址远离三江口，迁至后来灵桥门外岸边，江面稍窄而水流变化的规律性略强相对易于把握了，情形便有了改善。但迁址后的灵桥仍属潮汐型的曲浮桥，故而桥长显然得按江面最宽时的所需考虑，至少在没有大的台风袭扰时，得按天文大潮时的江宽来设计桥长。

奉化江年平均潮差2.25米，最高潮位与最低潮位之差最大值达4.21米[2]。假如江滩与水平面呈负15°夹角，则水面每上涨1米，单侧江面就会加宽3.73米，因此当发生最大潮差时，整个江面将比最低潮位时加宽约31米（4.21米×3.73米×2），合近十丈！

所以，这桥长五十有五丈，可能是灵桥门外的鄞江尚处滩涂时代中

---

[1] 参见茅以升《中国古桥技术史》第162页，北京出版社1986年5月版。
[2] 奉化江北渡站点数据，历年最高潮位4.48米，最低潮位0.27米。参见《甬江志》第95页，中华书局2000年1月版。

传为日本画僧雪舟作于明成化三年至五年（1467—1469）之《唐山胜景图稿·宁波府图》（局部）上的灵桥（"舡桥"）（美国波士顿美术博物馆收藏，图像来自该馆官网）

的浮桥总长。考虑到桥的长度总要大于最大江宽（如道光四年时的桥长比江阔超两丈），故估计当年天文大潮时的灵桥门外奉化江宽度，约在五十三丈。

江面由宽而窄的首要原因是江滩淤积成陆。方志中第一次记载此事的，是元至正《四明续志》卷三所录的庆元路府后至元六年（1340）的一份官方档案，说是"涨涂东西，两岸增砌石碶，止用桥船一十四只"。此后直到雍正《宁波府志》卷七才再次有了涨涂记录，这次是桥西："康熙四十三年（1704），桥西新涨沙涂一方"，"居民具呈情愿填筑盖屋四间，每年出地税银二十两，作岁需缆索之用"（乾隆《鄞县志》卷二）。再到后来，有乾隆三十五年（1770）和道光五年（1825）官家新辟涂租的记载，但这些新淤土地，基本上处于桥的上下游沿江两岸，它们对桥址处的江宽已经没有影响。

据传为日本画僧雪舟于明成化四年前后来明时所作的《唐山胜景图稿·宁波府图》，则为我们提供了元后至元六年到康熙二十三年之间桥址处江宽变化的过渡景象，据此，我们不难想象，此后所淤积的，必是这驳出的这方岸基之南北沿岸。

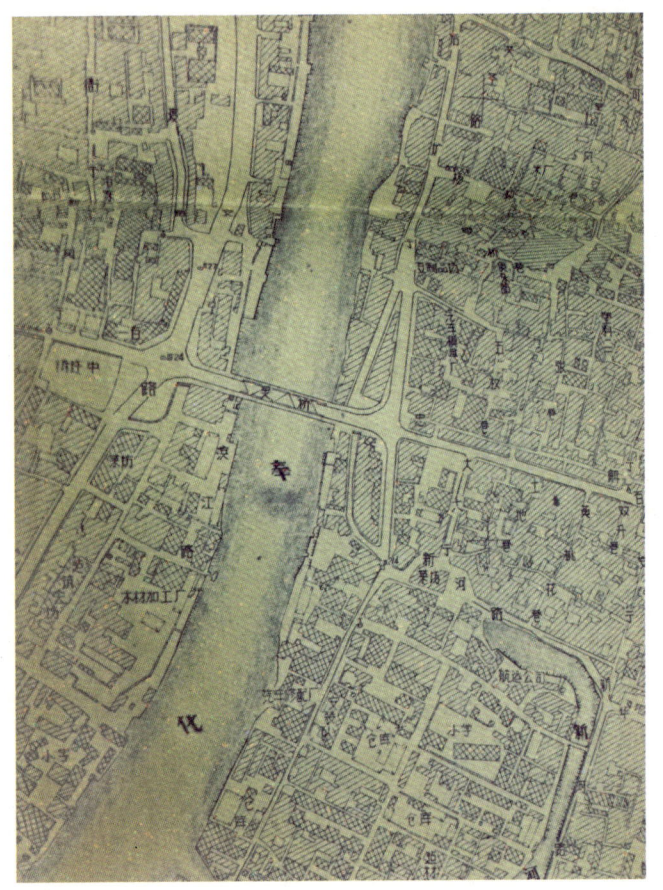

1979年测绘的宁波地形图（局部）上的灵桥。比例1：5000，蓝图，宁波城建局勘测队测绘（宁波市城建档案馆藏）

我们如今在地图可以看到，这段江面是宁波三江中最窄的。这应当是千年以来商业发展的结果。桥堍历年是商业蓬勃的发酵点，在西岸，北有东渡门，中有天妃宫，南有灵桥门，更是行商坐贾的经营天堂；在东岸，浮桥北边于清康熙二十四年（1685），设立了浙海关（常关），那里是海内外商船的集散地。于是人们便向江滩要地，每有涨涂，居民情愿增砌石础、盖屋输税，久而久之，两江滩涂变而为高岸，奉化江城厢段的江面宽度就这样被固定下来，不再依潮水涨落而变化。

但自老江桥南至三江口这一段江面成为束狭之处，对浮桥及江塘的安全是极为不利的，尤其是西岸这一段，应着江流与商业的双重夹击，极易新涨成涂和填筑起屋,致使江面越来越窄,由伯努利效应可知,此段江潮的流速超乎寻常,故官府乡绅于乾隆三十五年(1770)时,便在江畔勒石,永远禁止此段西岸筑造。此后于乾隆六十年、光绪十二年都曾或出告示或立石碑,重申此项约定。但到民国初年,这种双重夹击又曾增加一股官衙看重卖地收入而标卖大道头附近涨涂的力量,幸亏城自治委员会、商会及乡绅们竭力据理争阻,才制止了官商合谋之得逞(见冯孟颛编《鄞三江口涂地案》)。

道光四年(1824)江阔三十三丈另,约110米,到了民国修建钢构灵桥时,桥的跨度(从《鄞县通志·工程志》所披露的钢构灵桥图纸看,桥的跨度大于江宽)320英尺,合97.53米。由此可以估计当时的江面比道光四年,又窄了十五六米。

综上,灵桥诞生的一千多年来,江宽与桥长均有着渐次演变的过程,至少在康熙二十三年后,东津浮桥的长度是35丈,桥宽是2.5丈,再不能按唐宋时长55丈、宽1.4丈计了[1]。

(四)东津浮桥易曲为直

浮桥之由曲而直,可能在南宋淳祐年前已经发生。宝庆志记宋淳祐二年(1242)陈垲修桥时说,"盖自长庆迄于今凡几建,鸠工辑材,取办属邑,桥成,贯以巨缆,碇于深渊。风涛乘之,脱落无策,听其自坏,新造则经年不可办"。从这段文字看,"碇于深渊",似乎未必是陈氏的新创。但东津浮桥之易曲为直,当发生在胡榘与陈垲之间的16年内,因为胡氏浮桥时尚有"维舟之缆、系缆之柱",是典型的曲浮桥做法。

直形浮桥与曲形浮桥最大的区别,是它的每一船节用碇或锚单独锚定于江底或江岸,即有"碇于水"与"碇于岸"两种形式[2]。碇,为镇舟石,有穿孔或不穿孔,用竹缆或棕绳系穿或缚住,抛入水中以镇定船位。当然,直型浮桥仍不可能完全做到笔直,尤其在潮汐江河,如果"碇于深渊"而

---

[1] 《中国古桥技术史》第159、160页两表按55丈长1.4丈宽作为宁波东津浮桥的规模。不确。
[2] 参见唐寰澄著《中国科学技术史·桥梁卷》第594页。

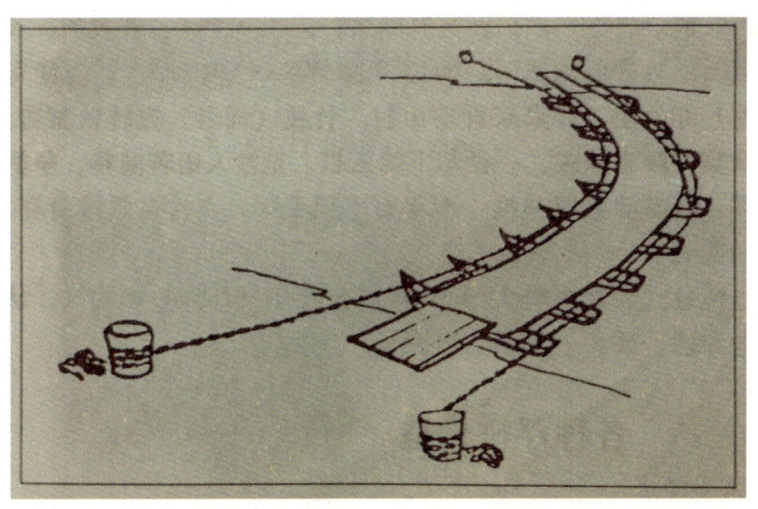

曲形浮桥示意图

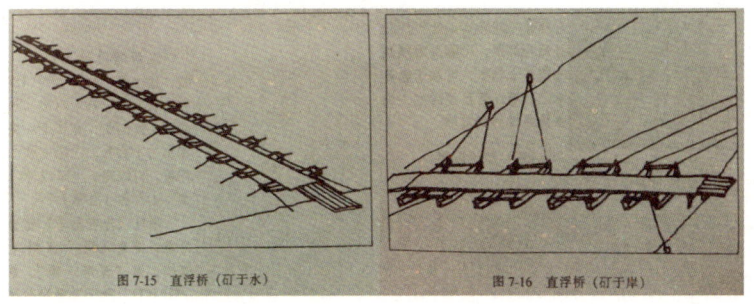

直形浮桥示意图（来自唐寰澄著《中国科学技术史·桥梁卷》）

碇锚过紧，显然不能应付一天两次的水位变化，故每只浮船即使"碇于深渊"，仍会有一定幅度的左右摆动。另外，直型浮桥每船有了系锚后，仍需有两条巨缆或铁链纵贯浮桥首尾，以稳固桥身、减少左右簸荡[1]。后来则发展出缩放、勾连巨缆铁链的机关（如明陆奇之"钩圜中绾备开合，蝉联虹跨，随潮汐上下，略无寸罅"），以对付一年中最高潮位乃至开桥过大船的情况。

"碇于深渊"的出现，标志着东津浮桥开始走向直型浮桥。不过，此后可能还有反复。元世祖至元二十九年（1292）陈祥修桥时，首次以铁链为

---

[1] 参见《中国科学技术史·桥梁卷》第598—599页。

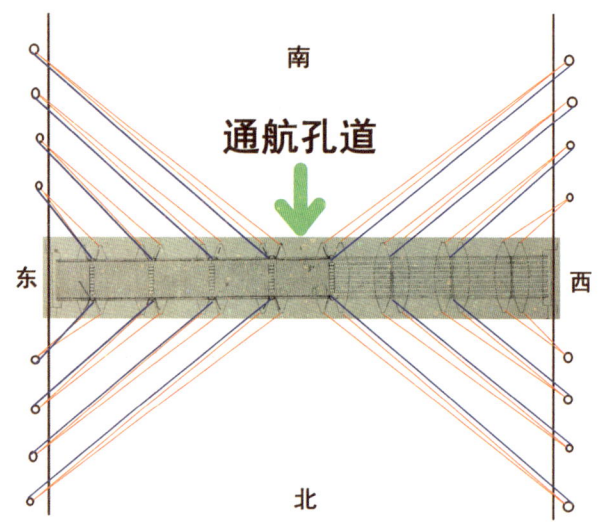

李煦、王海粟修建之"碇岸四角、分若虾须"的直型浮桥示意图。康熙二十三年,东津浮桥碇于岸之示意图。红线代表小缆,蓝线代表大缆

维舟之缆("鼓铁为缅"),却并未有之前"碇于深渊"(1226)的说法。

到了元代后至元六年(1340),庆元路府有"碇于江底";至正二十三年(1363),方国珍有"杙楗江底";明正统十四年(1449),陆奇有"碇于深渊";成化二年(1466),方逵虽未言"碇于水",但有"贯铁绠于东西岸之石橛,复窍两石肘岸旁并岸之栈,弛转轴贯肘,随潮汐纵缩轩轾之"的机关,与陆奇之机巧异曲同工,也是直型浮桥的做法。

东津浮桥"碇于岸"的做法似仅见一次,即康熙二十三年李煦所修时:"两旁统贯铁链连环无间,复加粗大篾缆一十四条,小篾缆三十二条,分若虾须,中系桥之腰排,碇岸之四角,纵遇狂风巨浪,亦堪中流砥柱。"因为鄞江为潮汐江,潮水一天两次涨退,故东津浮桥"碇于岸"的做法就不应像季节河那样单侧系缆于岸,故而维舟之缆"碇岸之四角"。小缆三十二条,对应垫船十六只,每只两头各系一条;东西两块、南北两侧各系四条;大篾缆一十四条,可能是每两舟为一组,两头各系一条,但省了西块岸边受潮流冲击相对较弱的第一、第二船,这样,东块南北两侧各四条,西块南北两侧各三条。这种维舟碇岸之法,看起来"分若虾须",故碑文有此说。

这之后,"碇于水"与"碇于岸"均再未见碑文志乘,但"碇于岸"的做

法可能持续时间不长,毕竟它对通航泊船是不利的,日常维护也颇为繁琐。而"碇于水"的做法可能又有了创新,我们在上图中看到,每桥节之间,大铁链下坠有铁锚之类的,直碇江底。

那两根大铁链则一直成为浮桥的必备装置,而随着毚船的出现,东津浮桥的自重增加不少,"碇于水"已然作为不言自明的做法而不再被特别提及,这也是浮桥形制成熟的象征之一。

（五）桥船数

南宋宝庆《四明志》卷十二首次提及东津浮桥的桥船数:"唐长庆三年刺史应彪置,凡十六舟,亘板其上,长五十五丈,阔一丈四尺。"

"十六舟"是现今所能见到的该志最早的版本——南宋咸淳年间（1265—1274）的增刻本及完成于清咸丰四年（1854）的宝庆《四明志》烟屿楼校本上的数字,而编纂于1772—1782年的该志四库全书本上,这个数字是"十余舟"。奇怪的是王应麟1292年为陈祥修桥所作的碑记（首录于明成化《宁波郡志》卷四）说到殷彪灵桥时,为什么也只说"其长为五十有五,广寻有六尺",而未提及其桥船数。这说明,宝庆《四明志》对唐时灵桥的浮舟数或许并不清楚,该志最初的"绍定二年刻本"[1]可能根本未提及桥船数也未可知。

但这个数字,有可能是指南宋末年的东津浮桥桥船数。因为《明州系年录》引自袁桷的《清客集》,说南宋德祐二年（1276）正月,宋残军"焚浮桥,劫江浒",而南宋开庆《四明志》中浮桥不存,吴潜仅以修缮江东道头了事,时在1259年。既然1276年有浮桥可焚,则可以证明咸淳增刻本所谓的"凡十六舟"即是刊刻该志之前重建的东津浮桥的桥船数。

经粗略检索,宋元四明六志中,只乾道、宝庆、至正三志提及东津浮

---

[1] 据浙江省地方志编纂委员会编《宋元浙江方志集成》（杭州出版社2010年1月版）第一册,宝庆《四明志》之宋绍定二年（1229）刻本今已不可得,"现通行版本为咸淳以后补刻本,志中增补到咸淳八年（1272）"。

桥事[1]，此三志中，唯至正《四明续志》首次记载了本朝东津浮桥的桥船数，"浮桥，元（通'原'——水银注）设桥船一十六只，至元二十九年（1292）差役民户一十六名，各管船一只"。所可注意者，此说出于该志至正二年（1342）内抄到的"路案见行事实"，是一份庆元路府的官方档案，这个可信度便大大提高了，更何况，此事在明成化四年《宁波郡志》首次著录的王应麟所撰修桥碑文中可得验证："公（指陈祥——水银注）犹为永久之虑，择民户十有六家，蠲徭役科调，隶局任桥事。"

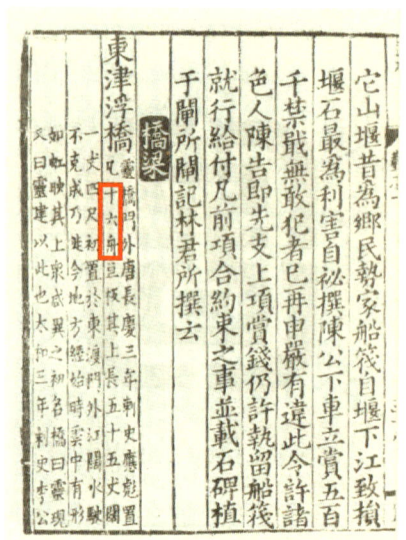

宝庆《四明志》咸淳增刻本书影（来自国家图书馆）

所以，尽管至正《四明续志》所说的唐代殷彪灵桥之桥船数未必可信，但该志记载的本朝即元代之东津浮桥的浮舟数则属确凿无疑。

现将东津浮桥历代志乘、文献所载之桥船数照录如下：

唐，现见史志失录。

南宋末年（1272—1276），16 舟。

元（前）至元二十八年（1291），陈祥修桥，16 舟。

前至元年后到后至元年前期间（1295—1335），14 舟。

后至元六年（1340），庆元路府，14 舟。

至正二十三年（1363），方国珍，18 舟。

---

[1] 延祐《四明志》共二十卷，今存十七卷，其中第九卷《城邑考下》、第十卷《河渠考上》、十一卷《河渠下》，"为传写者所脱佚，已非全帙"，故今唯见残存十七卷。元至正《四明续志》是一部"补其缺略"的续志（故题名《四明续志》），其卷三之"东津浮桥"条前，有"坊巷桥道（已见前《四明续志》者不录）"一语。可见延祐《四明志》根本未载东津浮桥事。

明洪武前期（1368—1372），鄞奉定三县合修或轮修，16舟。

洪武二十七年（1394），征役修桥，18舟。

正统十四年（1449），陆奇，20舟。

成化二年（1466），方逵，20舟。

万历十五年（1587），蔡贵易，20余舟。

清康熙二十三年（1684），李煦，16舟。

嘉庆年间（1796—1820），14舟。

道光四年（1824），李可琼，16舟。

光绪十三年（1887），有"监工绅董"为便于桥下行船，提议减去四舟，绅士董沛等力陈不可。经知府胡练溪要求"另行公议"后，事罢。即自道光四年（1824）后，直到民国二十五年（1936）浮桥退役，桥船数为16。

可见东津浮桥史上，最少桥船数14，最多20以上。持续时间最长的还是20及20以上的，而16舟制使用时间也与之不相上下，而且它还是浮桥退役前最成熟的形制。

现在我们可以探讨一下唐时殷彪灵桥的桥船数问题了。

如果唐时灵桥长五十五丈、十六只桥船是可信的话，那么，桥舟有两种四式布置法，我们来算算各种布置法的桥排长度。

一是"分列江面"[1]。即，桥船等距布置于江面，一船负一排，组成一个桥节。

（1）每一船两侧各架一桥排，始末两排各架岸基，即16舟17排，这是曲型浮桥常用之法。这样，平均每个桥排长或每船相距（中到中）就达3.24丈（55÷17），约合10.77米。

（2）每一船居桥排中各负一排，则为16舟16排。如此，则每排长3.43丈（55÷16），约合11.45米。但这种做法极少见，因为除非浮船足够大，否则每节桥排的两端在负重时起伏相当大，就像跷跷板一样。

---

[1] 这种做法见于元至正二年（1342）"路案见行事实"："船一十四只，分列江面"（至正《四明续志》卷三）。

宁波高帮木船（岜船），约20世纪70年代解放桥（茅以升主编《中国古桥技术史》）

二是"二偶一扶"[1]。即，每两船置于桥排两端之下，组成一个桥节。

（1）桥节相连：首尾两桥排（相当于引桥板），一头在岸，一头直接与桥节相连。此为方国珍之制。16舟，10排，每排长5.5丈，约合18.32米。

（2）桥节相连：首尾两引桥板，一头在岸，一头在船。此为陆奇之制，康熙—道光年承袭之。如此，则16舟9排，每排长达6.11丈，约合20米。

由上可知，即使是桥排长度最短的第一种第一式桥船布置法，在江宽达五十五丈时，其桥排平均长度也几达十一米，这在唐代的技术条件下，是很难想象的。

另外，民国十四年（1925），宁波市政筹备处曾打算于和义渡（今解放桥）新建浮桥，计划用墩船50只。查今解放桥处江面宽约235米，即使按第一种第一式桥船布置法，其桥排长也仅4.6米。

元代东津浮桥有十四舟制，因为两个理由，其可信程度较高：一是元代有了江滩涨涂、增筑石磡记录，故江面已非如唐时之宽；二是元代的造

---

[1] "二偶一扶"做法始于元方国珍（1363），其引桥板直接与桥节相连，故桥船数十八，船排十一；陆奇（1449）改为将引桥板一端置于桥船上（"每岸维一筏扶一舟，余如故制"），故其较方国珍式增船二，但桥排数则同。

船技术远较唐代先进,宁波又是当时的造船业中心之一。江变窄而船变大,所以元时的十四舟制更能得到技术史料的佐证。而方志说唐殷彪所建系十六舟制的浮桥,尚得不到技术史料的支持。

(六)浮体:垫船! 㲺船!

垫船,就是承载桥排的载体,也可称桥船或浮体。但确切地说,只有宁波老江桥的桥船或浮体才叫垫船,它是一种高帮木船[1],浮桥因此而成为"高浮桥",纵观中国桥梁史,其他地方浮桥的浮船,没有叫垫船的;而所谓"高浮桥",在史料中也仅见于宁波[2]。

这种"高帮木船"最初出现在宁波地方志上时,有个专用字作为船的前缀:㲺[3]。㲺船的㲺,恐怕也像碶闸的碶、衕头的衕一样,是宁波人专用的,其音义同垫,故后来多称垫船了。

㲺船,首见于清康熙二十四年(1685)八月宁波知府李煦所作的重修浮桥碑记中,而该碑文首录于闻性道编纂、刊行于康熙二十五年的《鄞县志》[4]。其中说道:康熙二十三年重修之东津浮桥,"计造㲺船一十有六,各长六丈八尺,阔一丈四尺,船排九方,共计三十五丈,各阔二丈五尺"。

可见康熙二十三年所打造的㲺船,不但比道光四年最大的第一号垫船还大,而且所有十六只㲺船的尺寸均整齐划一。

---

[1] 参见《中国古桥技术史》。
[2] 参见罗英编著《中国桥梁史料》第82页,中国科学社主编中国科学史料丛书,1959年10月版。
[3] 㲺,用东西支撑或垫于物体底下,使其平稳。《集韵》:㲺,通作磹;去声,栝韵,徒念切。又,《字汇》:㲺,徒念切,音殿。支物不平。
[4] 《重建灵桥纪念册》未录李煦碑文,恐怕民国时是碑已然不存。又:骆兆平等编著《天一阁碑帖目录汇编》、章国庆等编著《甬城现存历代碑碣志》中,也未见该碑之拓片留存。

康熙年的浮桥,舟数十六,桥长三十五丈,宽二丈五尺[1],与道光年的相同,与民国图纸上的浮桥也相差不远,故我们很容易得出结论,沿用至民国年间的东津浮桥形制,至少成熟于康熙二十三年(1684)。

桥厂碑语所载甍船尺寸表

单位:丈

尺寸名称 船号	构件尺寸			外形尺寸				实际排列(西→东)	
	正彩	梁头	前后小梁	身长	深高	中舡	前后深高	甍船	桥排
1	4.32	1.00	0.62	6.76	1.02	1.22	0.92	12	一
2	4.15	0.92	0.62	5.80	0.99	1.17	0.90	11	二
3	3.80	0.88	0.55	5.10	0.96	0.91	0.90	10	二
4	3.50	0.88	0.50	4.80	0.91	0.90	0.73	9	三
5	3.50	0.84	0.50	4.70	0.86	0.90	0.70	8	三
6(同5)								7	四
7	3.40	0.70	0.48	4.50	0.70	0.85	0.50	14	四
8(同7)								6	五
9	3.40	0.65	0.45	4.40	0.67	0.83	0.50	4	五
10(同9)								2	六
11	3.40	0.70	0.48	4.50	0.70	0.85	0.50	1	六
12(同11)								3	七
13	3.50	0.70	0.52	4.55	0.70	0.88	0.56	16	七
14	3.50	0.80	0.55	4.50	0.75	0.92	0.58	5	八
15	3.55	0.83	0.56	4.60	0.77	0.92	0.60	15	八
16	3.56	0.85	0.57	4.76	0.79	0.96	0.71	13	九

[1] 关于李煦所建浮桥船排之宽,雍正《宁波府志》卷七亦同康熙《鄞县志》卷七,记为二丈五尺。但周道遵之《甬上水利志》卷六、咸丰《鄞县志》卷四所录李煦碑文均记为"一丈五尺",而乾隆、光绪两县志及《重建灵桥纪念册》均未录李煦碑记,亦无宽度尺寸。至道光四年冬李可琼之修碑记,记载了各式尺寸数据,唯未记桥宽。据纪念册所录道光五年之"老江桥厂内碑语",中有"东西两堍头阔二丈六尺,排面阔依照堍头之式"一语,故推测中间虽有十四、十六舟制的变化,但桥宽二丈五尺当系道光因袭康熙以来之旧制,故而未特别言明,由此认周氏两志皆误。

正艕示意图（选自王冠倬编著《中国古代船谱（修订本）》）

注：民国廿五年浮桥图纸显示，垫船尺寸相当于身长15.40米（4.62丈），中䑸3.20米（0.96丈），深高3.50米（1.05丈）。

上表尺寸名称说明：

（1）身长，指垫船全长。

（2）深高，应是指垫船的高度。猜测道光时的垫船不是如民国图纸所示之平底船，船底呈弧形。所以，"深高"应是指垫船的最大高度。

（3）正彩，可能是"正艕"的宁波话谐音。艕，船底龙骨，福船有三，分别叫头艕、后艕和中艕，其中中艕最长，也有叫"正艕"的[1]。故，正彩可能是指垫船底最长的龙骨之长度。

（4）中䑸[2]，可能是指垫船的宽度。因为奉化江为潮汐江，桥船两边都会来水，故垫船两端都要设分水尖，其平面形状便设计为橄榄形，中如虚胀，故"中䑸"，当指垫船的最大宽度。

（5）梁头，可能是指垫船内的竖梁高度。十六只垫船，梁头尺寸大多等于或小于"深高"而大于"前后深高"，故作如是猜想。

（6）前后小梁，可能是指船首收束部分的横梁的长度，因为它们的尺寸大约为"中䑸"之半或六成。

（7）前后深高，据2，当指垫船两端的纵向高度，"深高"与"前后深高"

---

[1] 参见王冠倬编著《中国古代船谱》（修订本）第217页，三联书店2011年5月版。又，艕，战舰内贯以大木。《字汇补》：仓含切，音参。

[2] 䑸，虚胀也。《字汇》：普蒙切，扑平声。按：䑸，音如宁波话"胖"。一般认为它是"肛"之异体字，但此处似应作其本义"虚胀"解。

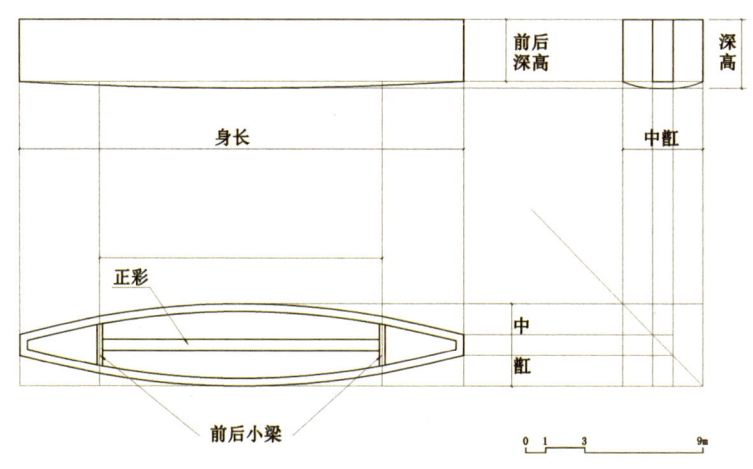

觋船（垫船）外形及构件尺寸名称示意图（据"桥厂碑语"所载第一号船之尺寸，由张梦蝶绘制）

之差，可能是垫船空载时的吃水深度。因此，"前后深高"可用以约略地估算垫船水面以上部分的高度，也即桥下净空高度，当然，由于浮桥桥排自重及桥排上的负载，净空高度要小于"前后深高"。

为什么道光四年这十六只垫船不像康熙二十三年那样尺寸划一呢？这恐怕是历年来屡次修缮的结果。从历代志乘上看，李煦所造的垫船是最大的，除了其高度无从得知外，其长六丈八尺，其宽一丈四尺，均大于道光四年最大的一号船（长六丈七尺六寸、宽一丈二尺二寸）。自康熙二十三年到道光四年这139年中，有记载的大修有三次，即康熙三十二年（1693），知府张星耀"惠捐俸数百金，建浮桥""嘉庆间两次募修将原设九排十六舟，改为八排十四舟，每遇风潮辄致冲坏"，其间小修已难索稽。依预算硬约束条件下的修缮原则，必是首先考虑原物再用，然后破者补，坏者替，腐者去。故而递次修补之后，垫船便越改越小了[1]。

高帮浮船或"觋船"是应何而诞生的？

---

[1] 据《鄞县通志·工程志》，"桥面离最高潮位为十五呎，较旧桥面高九呎"。这意味着旧桥即浮桥的净空仅六呎，约合1.8米，也就是说民国时期的浮桥"前后深高"仅6市尺弱，相当于道光初年的13号垫船的高度。

为了减少浮桥起伏颠簸、提高行人过桥的舒适性，一般有两种方式，一是增加桥船数，二是增大桥船的体量。从历代方志的记载来看，唐宋时期的浮桥，其实并未明确记载桥船数，故可猜测桥船数量或许是几十只；而到了元代，文献上才出现了14舟、16舟和18舟的记录，这或许意味着元时期的浮桥，采用了增大桥船体量以提高浮桥稳定性的方式，那时的桥船，可能是一种低帮大船。当时，通过浮桥的船只数量可能还不多、体量也可能不大，船只通过浮桥，大多以断桥解开桥节的办法。但随着经济的发展，航运事业的发达，浮桥的通行能力与桥下的通航能力之间就出现了日益严重的矛盾。频繁解开桥排以过船，无疑会大大降低浮桥的通行能力。为此，人们便在浮桥中间加设通航孔，通过在通航孔两端的桥船上架设抬梁构造以提升通航孔净空，提高桥下的通航能力，但这样一来，却使桥上行走变得困难，尤其在雨雪天。更且桥身局部抬高，这一段除了上下起伏，还不可避免地会出现左右摆动，特别是风雨交加、水急浪高时，不免险象环生。这种做法，在作为潮汐江的甬江、有春汛秋飓的宁波，是断断不会使用的。

宁波先民在元代扁大桥船的基础上以逐步加大每只船身高度的办法，使浮桥通行能力与桥下通航能力之间取得了最大程度的兼容。

高帮浮船的出现，使得开桥次数大大减少，到了民国时期，当局将开桥时段固定化，"规定老江桥在上午九时至十时及下午二时以后为开放时间，新江桥在清晨沪轮未到前开放，沪轮到后即须停止开放，下午二时至五时亦为停开江桥之期"（1929年11月6日《申报》）。中华人民共和国成立后，自1957年5月15日起，"新江桥白天不再开桥，并规定每星期一、三、五晚上八时至半夜后二时为开桥行船时间（同月14日《宁波报》）"。到了1980至1990年的大道头浮桥（后改为固定桥，即江厦桥）时期，平均每年仅开桥一次（见该十年中《宁波日报》的"浮桥开排通告"）。

这完全拜䒀船所赐。这一技术成果，宁波人至少享受了300年。䒀船还为新江桥的建设，立下过汗马功劳。

关于䒀船的防腐防蛀技术：

新江桥建设中的浮运法

明成化二年（1466）方逵兴修东津浮桥时，"垩墁舟腹以御水虫"。

茅以升主编的《中国石桥技术史》认为，"具体的做法是船底与船舷下部都涂以石灰和黄沙，用桐油胶结，外面再钉一层杉木板，称虫板，使水虫最多只能蚀坏这层虫板，而保护了船只主体。"[1]这种"虫板"的设置，可以说是结构耐久性保证措施——牺牲性保护[2]原理的最早应用，也是宁波桥工们智慧的闪光。

（七）浮桥之辅助设备

1. 铁索

元代前至元二十九年（1292），陈祥"始冶铁联贯为巨缆"。自此，铁链代替了竹缆成为维系浮桥桥船、桥节的主索。铁链有两根，贯穿于桥宽的两头，系于两岸四根石柱上。

明代正统十四年（1449）后，主索可能设有钩接装置（即"钩圈中绾备

---

[1] 茅以升主编《中国石桥技术史》第210页，台北明文书局1991年3月版。"桐油胶结""虫板"未见于碑文与方志，或许是该书编著者们来甬实地考察的结果。

[2] 项海帆等编著《桥梁设计概念》第239页，人民交通出版社2011年3月版。

开合"。陆瑜碑记语），以便风潮来时或过大舟时解开浮桥。

成化二年（1466）后，铁链在两岸有了卷轴盘便于缩放，以应付高潮位（即"联之贯铁，绠于东西岸之石橛，复窍两石肘岸旁，并岸之栈，施转轴贯肘，随潮汐纵缩轩轾之"。方逵碑记语）。

道光四年（1824）修桥后，有了铁链的长度，只是李可琼说"各长四十五丈"，厂内碑语说"大排上铁链两条，各长五十丈"。令人欣喜的是厂内碑语还有一个铁链的数据，"每圈计熟铁二斤十两"，由此可估算得：每根铁链重约 2185 千克，两根总重 4.37 吨，其桥上部分（长三十五丈）铁链总重约 3 吨。

《中国古桥技术史》上说："铁缆的作用一方面是维系舟船，抵御水流的冲击，另一方面由于桥的船只、桥板均系木质，重量较轻，浮于水面，上下漂荡，人行其上，动摇不定，也靠铁缆的重量镇压舟船，增进舟船的稳定性"信然。

2. 锚碇

从方志记载看，东津浮桥大约在南宋宝庆二年（1226）至淳祐二年（1242）之间由曲型浮桥向直型浮桥过渡，到了元代后期，直型浮桥得以确立。如前所述，直型浮桥有"碇于水"与"碇于岸"两种形式，后者仅见于清康熙李煦修桥时，大部分时期，东津浮桥都是"碇于水"的做法，故锚碇为浮桥必备之设施。

最初，桥船的锚碇当为每船两端各一而碇于水，不过，我们现在从清末民初的老照片中似乎已经看不到这种系碇方式了。民国时期的图纸显示，铁锚系在桥节之间的铁链上。地方文献中关于老江桥的锚链长度与铁锚重量数据失载。可资比较的是新江桥，"桥排九排，两面系以重七百磅铁锚各五门"（见《鄞县通志·舆地志》）。700 磅，约合 318 千克，这比《中国古桥技术史》所认为的锚碇合适重量（二三百斤）要重一倍余。

3. 桥护栏

元代后至元六年（1340）庆元路府修桥时，首次在浮桥上设置了二十四座护栏（十四舟八桥排，除两块首排不设栏杆外，六排两边各两座，计二十四座),此后,浮桥护栏成为必备设施,每一桥节如"栏楯之舟"。

4. 踏板

踏板在每个桥排之间的连接处,即桥排之间的弧形连线。这种踏板或许是民国时期才新增的,估计与新江桥同时安装。民国《鄞县通志·舆地志》"新江桥条"记:"民国十六年,宁波市政府工务局于各段桥板衔接处铺以弧面形铁板,一端以铰链与桥板相连,一端再仍可启闭,使车辆行其上不至颠簸。"

5. 桥堍铁栅门

据回忆文章[1]称,民国时曾一度在桥两堍安装过铁栅门,"以作开桥过船时隔绝行人之用"。以老江桥上店肆林立的情形看,开桥过船时也的确有隔绝行人之必要,以策安全。《申报》在1929年11月6日曾有"两江桥订定开放时间"的报道,其中说老江桥的开桥过船时间,经市政府核准,规定为"在上午九时至十时及下午二时以后",以解决江面通航与浮桥通行的冲突问题。或许铁栅门就在那时安装。

二、钢桥

清宣统二年(1910),陈露芗(树棠)以灵桥改建为题,作为其于日本东北帝国农科大学土木工程科卒业之论文,此乃《改建江桥有具体计划之嚆矢》(《鄞县通志·工程志一》)。1922年9月,甬沪两地乡绅启动改建灵桥第一次筹备行动,陈树棠特将前制之图摄成照片,连同说明书,分寄甬地各机关。其设计的桥型为三孔钢筋水泥桥,中座可启闭以通航,鄞县县议会讨论后未予采纳。

1922年8月至1924年9月的第一次改建筹备中所采用的桥型,为德国人设计的三孔钢筋水泥桥,与陈氏的设计区别在于完全固定桥,不设开桥装置。

---

[1] 周克任:《宁波灵桥史话》,载《宁波文史资料》第四辑。

1926年8月至1927年2月的第二次改建筹备中,孙梅堂、李孤帆曾建议在三江口造三角桥,亦即同时建三条桥,一由江北通江厦(即通城内,新江桥),一由江北道以东(相当于今甬江大桥),一由江厦通江东(相当于今江厦桥)。认为此三角桥落成,即可一劳永逸,而宁波市面当亦大受裨益。唯经费约需百五十万,不得不放弃。

康益洋行的广告(选自《工程》第11卷第6号,1936年12月1日发行)

1931年3月8日至1936年6月27日的第三次改建筹备之初,仍设想为水泥桥;亦曾决定新江桥老江桥同时改建,经费一百五十万元,并打算将新桥址设于大道头(即今江厦桥址)。后经商议、讨论,先后弃置。

1931年7月10日沪筹备会第八次会议,讨论通过上海公共租界工务局工程师英国人茄姆生的"单眼新桥"说明书,钢构灵桥方案就此确定。

据《中国桥梁史料》所罗列的晚清民国时期建造的全国各地钢铁桥梁(包括铁路桥、公路桥与城市桥梁),就单孔跨径长度上来说,灵桥是所有桥梁中第二大的[1],而在单孔铁桥和城市桥梁中,灵桥的跨径是最大的。再从结构形式上说,在城市桥梁里采用三铰拱的,灵桥自始就是独一无二、空前绝后的!

茄姆生为宁波灵桥所选择的桥型及其结构形式,当为综合考虑水文地质、施工便利、造价成本以及未来城市交通发展等因素后所设计的最佳方案了。

灵桥实际运营了77年,中间还曾两度遭空袭轰炸,后期又在不加固

---

[1] 津浦铁路线上的黄河桥,系12孔下承钢桁架桥,其中中跨径164.7米,为当时我国铁路桥梁中最大的跨径。《中国桥梁史料》第107页。

桥基与增加主要构件强度的情况下，按超过原设计承载能力一倍的标准运营了19年，我们因此可以有充分的理由说，灵桥是当年技术最先进、经济最合理的桥梁！

（一）灵桥主要技术数据

1. 灵桥桥型结构的正式名称 —— 下承式三铰拱单跨钢结构桥梁

《重建灵桥纪念册》称为"三轴钢筋环桥"，亦称为"独洞大环桥"。

2. 基本数据[1]

（1）长度

①跨径（东西伸缩缝之间，原称桥长）：97.536米（320英尺）。

②两块桥脚坡道（桥台）各54.864米（180英尺），合计全桥长207.264米（680英尺）。

（2）桥宽

①1936—1994年：20.117米（66英尺，横桥向两侧栏杆中心线之间）。其中车行道10.973米（36英尺），人行道各4.572米（15英尺，包括吊杆占宽）。

②1994—2013年：25.042米，其中车行道不变。故后笼统以25米称之。

（3）拱梁竖曲线为圆弧线，半径88.201米，矢高14.709米，实际矢跨比为1/6.631，合底角16.78°，此即17°斜木桩的由来。

（4）两侧吊杆各12根，半跨均分，间距7.925米（26英尺）。

（5）桥台

①桥台，类似箱型地下室（同济大学《宁波市灵桥结构质量鉴定报告》（以下简称"1986年报告"）指为"空箱型式"），钢筋混凝土框架结构，东西两块各一。顶板倾斜，作上桥坡道，长54.864米（180英尺）。近江前室为桥基；后部底板基础不详，推测为筏型基础。

---

[1] 以下数据除1994年部分来自新闻报道及水银现场实测（桥面系新增构件）外，余皆来自《重建灵桥纪念册》。

1994—2013年航道净空由1994年前的4.5米降为1994年后的4.1米

②桥面纵坡5%。

（6）航道净空：1936—1994年为4.5米；1994—2013年降至今4.1米。

（7）桥面系

①横梁12道，纵梁6道。

②桥面板尺寸：车行道板厚5.5英寸；其上无砂混凝土厚1.5英寸。人行道板厚5英寸。一英寸合2.54厘米。

③桥面板自重

1936—1994年797吨。

其中钢筋混凝土部分697.18吨[1]，面层（无砂混凝土）部分99.84吨。可见纪念册中的桥面自重数据，未包括面层混凝土重量。

---

[1] 此即纪念册所说"桥面水泥钢骨三合土重六百九十七吨"。

1994年改扩建后,桥面系替换桥板及新增构件,自重估算为837吨。[1]

（8）部分结构材料性能

①混凝土。抗压强度：每平方英寸2000磅。

②钢条[2]。"弹力限"：不小于每平方英寸35000磅,经换算为每平方厘米2460.74公斤,约相当于241.15MPa；"极度拉力"：不小于每平方英寸55000磅。

③扎铁钢丝。为英国伯明翰标准22号钢丝,其"拉力"：至少每平方英寸75000磅。

④主结构钢材,当年的承揽章程称为"工字铁"。但实际上,灵桥中除铰座、纵梁为型材外,其他如拱肋、吊杆、横梁、上风架等,均以铆接成型。材料性能数据不详。

（9）荷载等级

①据茄姆生在1931年7月10日沪筹备会第八次会议对其所设计的"考样章程"之说明,"车行道须能行驶七呎宽、二十五呎长载重10吨之车二十辆。全桥面上除重车所占之地位外,其余部分,每方呎须能载活力一百磅（相当于每平方米488.24公斤,合4.78KPa）"。

②据宁波市建设局1951年上半年工作总结,灵桥经该年大修后,"恢复了原有20吨的载重,照目前情况,38吨的坦克亦能安全通过"[3]。

③1986年报告建议"灵桥承载能力等级确定为汽-10级"。但当年并未公布荷载实验的结果。

---

[1] 1994年灵桥改扩建时的建设单位市政管理处官员在接受记者采访时说,"灵桥大修改变最多的是路面。宁波人对原有的无砂混凝土路面情有独钟。但是,一方面因为原混凝土桥面破损严重,修补困难；另一方面因为混凝土路面太重,影响通行能力。这次大修改用钢板上铺6厘米厚沥青的方法。大桥自重将减轻一半,荷载标准将提高一倍,与正在拓宽的药行街和即将拓宽的百丈街相呼应"（见1994年5月22日《宁波日报》）。但实际上改扩建后,荷载倒提到了一倍,而自重却没有减少,反而有增加。

[2] 按：因《重建灵桥纪念册》所附"构造说明"称灵桥为"三轴钢筋环桥"。现代所谓的"钢筋混凝土"之"钢筋",在"承揽章程"中被称为"钢条"（即："一切钢筋水泥三合土所用之钢条"）。灵桥主结构所用钢材,在《重建灵桥纪念册·承揽章程》中被称为"工字铁",其材料性能数据未载。

[3] 见宁波市档案馆档案原件,编号175-3-5。

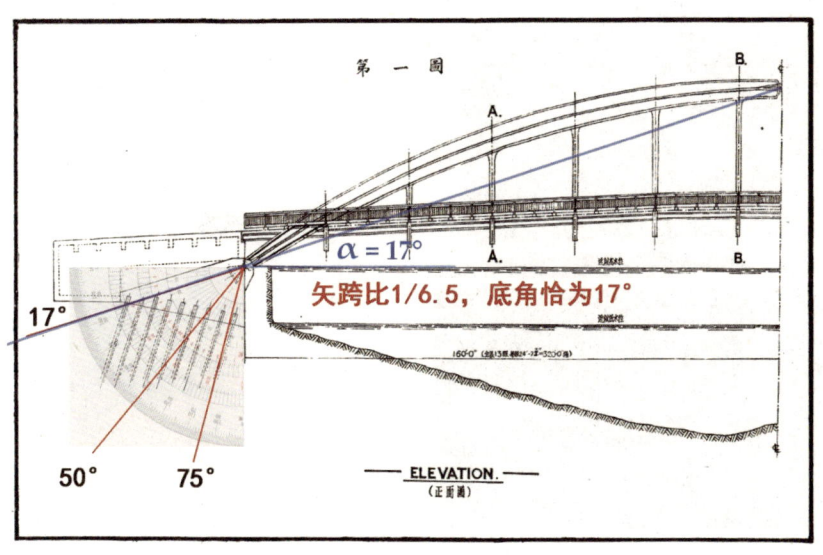

斜木桩示意图

④据1996年出版的《宁波市交通志》,1936年建成的灵桥,"载重等级汽-13"[1]。

⑤1995年版的《宁波市志》正式披露改扩建前的灵桥承载能力为汽-10。

⑥1994年3月27日《宁波日报》说,灵桥"改建后的荷载标准由原来的汽-10级增至汽-20级,挂-100"。

(10)桥基斜木桩

"每一桥墩下面,有一百尺[2]长之洋松桩头,计102根。系用新式打桩机及重14000磅之司汀榔头 Steam Hammer 11-B3 所打下,成斜三角式,斜度共分75°、50°、17°三种。"之所以采用这种"斜形三角式,因该桥全部压力均系估力为主"(《重建灵桥纪念册·工程概况·构造说明》)。

(11)拱铰构造

灵桥所谓的三铰拱,是指每一跨拱肋两端各一底铰和正中一个顶铰。

---

[1] 钱起远主编《宁波市交通志》第262页,海洋出版社1996年1月版。
[2] 此中之"尺",指英尺,"一百尺"约合30米。1986年报告说,这些洋松斜桩直径30cm,由三节10米木桩连接而成。

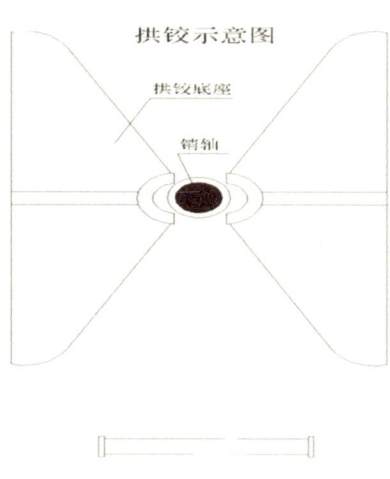

拱铰构造示意图（来自宁波市市政管理处 2014 年 6 月 20 日官方新浪微博）

拱铰由两半圆底座抱住销轴组成，两半圆底座之间以及与销轴之间并无固定连接。

（12）构件接合

全桥除拱铰基座与拱梁接合用拴接外，其他均以铆接成型。

综上，灵桥相比于现在钢结构桥梁的最显著特征为三铰拱、斜木桩与铆钉接合。

（二）桥厄简录

1. 战争时期的兵燹

① 1939 年 4 月 28 日、5 月 1 日，1940 年 9 月 3 日，日军飞机轰炸灵桥，桥面被炸穿一洞。

② 1949 年 9 月至同年 11 月，败退的国民党军数次空袭轰炸，灵桥受损严重。自该年 12 月灵桥周边布置高射炮后，方免再难。

2. 和平时期的船撞与养护不周

① 自 2004 年 9 月至 2011 年 11 月，公开报道的灵桥被船撞的事故有五起。

② 大修不当、养护不周，导致桥下净空降低 40 厘米，增加了被船撞的

超载（何业琦绘，选自 2003 年 11 月 14 日《宁波日报》）

概率；至少三支拱脚桥下部位的箱体内长期积水。

3. 使用中的超载现象

超载现象出现在上世纪 80 年代。1994 年改扩建后，将荷载等级提高了一倍，由汽 –10 到汽 –20，2005 年 7 月 16 日起，实行单双号通行制，2008 年 2 月 1 日起，禁止货运卡车通过灵桥。再加上江厦桥、兴宁桥、琴桥等横跨奉化江桥梁的增加，使超载现象得到显著遏制。

（三）战争伤情及修理记录

1. 桥台

东西桥台在内战末期的轰炸中均受过伤，尤以西桥台为烈。1949 年 11 月 22 日，西块桥台南侧近江处被炸出丈余大洞，当时为抢通，往洞内填入大量瓦砾以代桥面。1951 年大修时并未予以清理，直接夯实后在其上修补桥坡了事。1986 年报告估算这些瓦砾总重近百吨，由于桥台后部底板无桩基支承，导致底板下沉、立柱、顶板几乎全部拉断，露筋锈蚀严重。

西桥台可能在 1994 年才清理瓦砾，后修复。

大匠俞林宝师傅（左立者）　　　　　　　　东堍北侧拱脚被炸情形（陈裕宗收藏，季飞达提供）

2. 桥基高差

① 1951年7月6日《宁波时报》在提及轰炸后果时说，"桥西端的拱圈基础连梁都被炸断了，……西端的南面拱圈基础长了9英寸"（约合23厘米）。

② 1986年报告披露：1985年3月12日对四个拱脚的相对标高进行了测量，发现灵桥门侧（即西侧）南端拱脚比其他拱脚低14—15厘米。

③ 1951年"拱圈基础长了9英寸"的说法，很令人费解。9英寸约合23厘米，这个数字很大，可能是当年"基础连梁被炸断"的实测数据。到了1986年，经1951年大修及三十多年的弹性恢复后，这一位置（即西堍南侧拱趾）的西南位移仍有13.5厘米。

④ 1986年报告指出："东西桥台的上下游拱脚均有不同程度的相对位移，但根据实测数据，在约200吨活载作用下，时间持续1小时，二拱脚支座下沉量几乎为零，可以说基础已经稳定，其承载能力不会低于原设计能力（原设计车辆通过能力相当于汽-10级）。"

⑤ 此外，历次检测，未观察到桥基的不利沉降或位移情形。

东堍北侧再次被炸情形（陈裕宗收藏，季飞达提供）

1986年初，东堍北侧拱脚变形情况，实测最大变形尺寸为15.3公分（同济大学《宁波市灵桥结构质量鉴定报告》，宁波市城建档案馆藏）

3. 桥面拱脚变形

① 1951年7月6日《宁波时报》在报道当年大修时说："更艰巨的任务：一个是大拱梁的截补，一个是桥面的起高。北面大横梁的东端[1]被炸毁了13英尺至15英尺要补好，必须把原坏掉的全部截下来。整个桥1052吨重量，全部由二条大拱梁四条腿脚支持，这样截断一条，就等于四分之一的重量，失去了支持力，还有桥面塌陷的危险。65岁的俞林宝是个富有经验的老工人，技术相当高明，他也认为这是个相当危险的工作，因为这样的工程他也还是第一次，大家都认为没有把握。工人们就召开会议，共同研究办法。'三个臭皮匠，抵过诸葛亮'，会议上，俞林宝老工人根据过去经验，想出了办法：将炸毁的桥拱的二面分段截锯，而且在截锯与钉补之间力求迅速；经过费工程师科学的计算，也觉得有道理，大家就开始试试看。结果在大家谨慎而紧张的工作下，经过七十多天工夫，把14英尺（两面即合计28英尺）长被炸坏的大拱梁全部换成新的。就这样把这险要的工程完成了。"

---

[1] "北面大横梁的东端"，按报道之下文看，应为"北面大拱梁的东端"。

吊杆修补情形

② 从以上报道看,东堍北侧拱脚的受损,属灵桥主要构件中被损最严重者。1986 年报告显示其最大变形尺寸为 0.153 米。

③ 这支拱脚自 1951 年修复后,一直维持原貌,中间再未见返工报道。

④ 这支拱脚从受伤到修复,估计带伤工作时间长达一年半(1949.11.22—1951.5)左右,从而导致永久的变形。1986 年报告指出,"下游拱圈百丈街一侧桥门架附近有明显歪扭变形,相应于该位置的吊杆也有明显的歪扭变形",并附照片。

⑤ 1986 年报告在荷载实验后的结论是:"受到轰炸破坏发生平面外变形的下游拱片百丈街一侧,在三种主要荷载工况下的侧向变形都很小,跨中最大值仅 2.0 毫米,且卸载后能基本恢复,可以推定,现有的平面外变形对拱的工作没有什么影响。"

4. 拱梁弹孔与偏离变形

灵桥为下承式桥梁。拱梁,是主要承重构件,亦称主拱,呈圆弧形。在当今的桥梁工程学上,又称之为拱肋。口头上有称为圆拱或拱圈的,甚至还有称"拱片"的(1986 年报告)。

东堍上平联钢梁及桥门架被炸情形（陈裕宗收藏，季飞达提供）

东堍桥门架被炸情形（周伟琦收藏并提供）

（1）弹孔

1951年7月6日《宁波时报》说，轰炸造成灵桥"弹伤痕迹达30000余处"。

1986年报告披露，"据实地观察测量统计，大于60毫米弹孔在拱圈约有92个，吊杆约有130个"。该报告并附弹孔分布图。

报告还指出："这些弹孔都进行了修补，为了确定其修补效果，我们实测了几个弹孔处的应力分布情况，结果表明应力集中情况和截面削弱情况并不明显，因此，可按实际设计截面来计算结构内力。"

（2）偏离变形

① 1986年报告的"外观检查情况综述"中指出，"两片拱圈在竖平面上，均向河流上游方向偏离设计坐标位置，经测量，最大相对偏离值达196mm"。

② 1986年报告认为："两岸桥台的上下游拱脚均有不同程度的相对高差，使主拱圈、吊杆出现不同程度的倾斜，由实测数据看出，基础已经稳定，现有变形对上部构造的承载能力影响不大。"

③ 1986年实测所见的桥梁变形，见附篇图纸。

桥面被炸情形

5. 吊杆

吊杆,连接拱梁与横梁的竖向构件。单侧拱梁下吊杆计 12 根,全桥 24 根。

① 内战末期轰炸时,共有四根吊杆受损,其中两根损伤更重些[1],照片可见一根伤口可辨。1951 年大修以铆接工艺修复。

② 1986 年报告实测,各吊杆上大于 60mm 弹孔约有 130 个。

③ 1986 年报告指出,每侧吊杆均与所系拱梁呈相同角度的倾斜。但"吊杆受力是明确的,均受拉,表明结构工作状况正常"。

6. 桥门架

东西两块悬有桥名铜字所在的构件。

① 东堍桥门架北侧上方,在内战末期轰炸中受过剧创。

② 东堍桥门架"灵桥"之"桥"字左,有一明显的弹痕,至今犹存。这是我们分辨灵桥旧影拍摄方向的依据之一。

---

[1] 1951 年 7 月 6 日《宁波时报》报道说"两根吊杆被炸断了",而下面又说"四根吊杆……断了的,扭弯了的,都一根根地卸下来,截下来,调好,补好"。

上风架受损情形。1951年修理之前的灵桥西堍。桥面两拱脚处,可见有两个大木箱,内实瓦土,以减轻拱脚万一被炸时的损伤程度(水银收藏)

1951年,东堍。桥上空风撑已修好,桥门北上角豁口尚未修补。边款尚在(水银收藏)

7. 上风架

上风架,指两主拱梁之间在桥上空的联系结构。1986报告上的"上风架"之名,可能来自20世纪30年代的原始资料,该报告自创的名称叫"上平联"。

斜撑叫"风构",这与1951年的新闻报道中的"风钩"当为同一。

横桥向的梁,原称横梁(1951年报道),1986年报告称"横构"。

①1951年7月6日《宁波时报》说:"五根大风构……被炸断了,……东部和中部的两根大横梁被炸断了。"报道所说的"两根大横梁",推测其一是桥门架横梁,其二即横构。其余两根受损风构位置不详。

②以上损坏构件,均在1951年得到修复,此后未见返修报道。

8. 桥面板

①日寇轰炸时,西部桥面曾被炸穿一洞[1]。

②内战末期轰炸,被灾更惨。

修补后,一直使用到1994年。

---

[1] 周克任:《宁波灵桥史话》,载《宁波文史资料》第四辑。

【五】 附篇

附一：灵桥大事记（821—2015）

唐、五代

长庆元年（821），明州刺史韩察迁州治于三江口。

长庆三年（823），刺史殷彪初建跨江浮桥，初名灵现，又名灵建，简称灵桥。至迟在南宋乾道年间起又称为东津桥、东津浮桥。

大和三年（829），刺史李文孺修桥。

大和六七年间（832—833），刺史于季友或曾修桥，范的撰书碑文。

唐末至五代之892—909年，刺史黄晟修桥。

五代吴越国时期之949—960年，节度使钱亿或曾修桥，慎温其[1]撰碑记。

宋

开宝中（968—976），郡守钱惟治重修浮桥。

乾道四年（1168），太守直阁张津重修浮桥。

庆元中（1196年前后），郡守林大中重修浮桥。

嘉泰元年（1201）郡守陈杞修桥，曾从龙或曾因作碑记。

嘉定四年（1211）郡守程准修桥。

嘉定六年（1213）提刑（摄守）程覃修桥。

嘉定十六年（1223）郡守赵师岩，"乘其圮而新之"。

宝庆二年（1226），胡榘修浮桥，曾有史弥坚及胡自撰碑记。胡氏所修，有"维舟之缆、系缆之柱"，故为曲型浮桥。

淳祐二年（1242）七月，桥圮于飓风，制守陈垲又新之，曾立有告禁牌或碑。陈氏所修之浮桥，"贯以巨缆，碇于深渊"，故为直型浮桥。

开庆元年（1259），吴潜筑江东道头，以便舟渡行人。

德祐二年（1276）正月，宋残军"焚浮桥、劫江浒"，因城有备而不得入，

---

[1] 乾道《四明志》等志书均作"谨温其"，据王瑞来先生指点，实为慎温其，为避宋孝宗之音讳而避慎为谨。

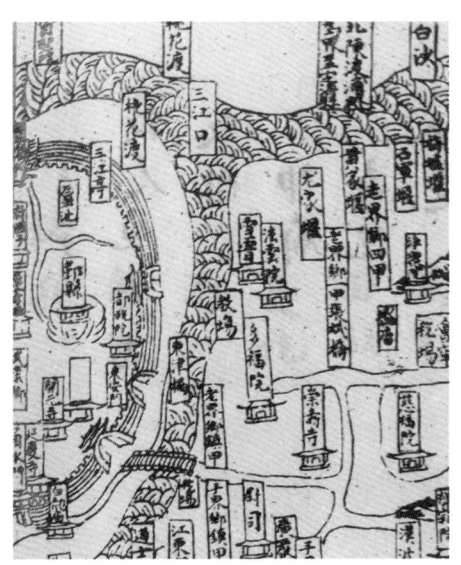

南宋宝庆《四明志》中《鄞县县境图》(局部)上的灵桥(东津桥)

"出定海以行"。

元

至元二十九年(1292),廉访陈祥重修浮桥。16舟制,差役民户16名,免其赋役,各管船一只。王应麟撰有碑记。

延祐二年(1315),里人张明五建亭接众普施茶水,兼便桥夫憩息。及卒,人德之,遂即亭为祠,岁祀不废。

至元后至顺帝至元前期间(1295—1335)重建浮桥。因"涨涂东西,两岸增砌石礅,只用桥船一十四只,差令桥夫一百四十名看守"。

顺帝至元六年(1340),以息钱修桥。浮桥为"分列江面"之14舟制。

至正二十三年(1363),方国珍重修浮桥。浮桥为"二偶一扶"之18舟制。并置田设局,专理桥务,民勿再劳,官无旁出,其法最善。

明

洪武初年(1368—1378),至少修桥一次,16舟制,由"鄞、奉、定三县备材建修。后互缓弛事"。

洪武二十七年(1394),知府郯驯纳署吏黄功廓言,增浮桥船两只,桥船数达18只,并佥民七十二户守葺。

正统十四年(1449),郡守陆奇修桥,20舟制,起坡桥排一头在岸、一头在船,较方国珍形制又有改进。重刊元刘仁本碑记,陆瑜并撰碑记。

成化二年(1466),郡守方逵修桥,20舟制,收放维舟之铁链第一次用上了转轴,另又首用"丹涂舟首,以压水怪,垩墁舟腹,以御水蛊"之厌胜术与防腐术。黄润玉撰有碑记。

嘉靖二年至七年（1523—1528），鄞县知县刘宗仁修桥。

嘉靖廿四年至廿八年（1545—1549），知县徐易修桥。

嘉靖三十四年至三十五年（1555—1556），知府张正和修桥。

嘉靖三十六年至三十八年（1557—1559），知府周希哲修桥。

万历十一年（1583），大水坏舟，溺死无算，郡守蔡贵易修建浮桥。二十余舟制，禁止在桥上开店摆摊。

万历十五年至十八年（1587—1590），郡守张文奇修桥。

嘉靖末年至明亡（1560—1645），修桥之役，每三年佥报富民属以缮修，官或给银仅十之一二，工成有司优奖，荣之冠带，谓之"江桥大户"。

清

顺治八年（1651），郡学生员闻性道作《东津浮桥议》，建议当局应设立经常性的募捐制度，以解决浮桥修造的经费来源问题。最后经官府议准，建立了修桥课税制度，并明确修桥系官府之责。

顺治年间（1644—1661），修桥一次。

康熙元年至八年（1662—1669），鄞县知县张幼学修桥。

康熙二十三年（1684）六月廿八日，风坏浮桥，知府李煦"捐己资千有余金，独造浮桥，成千古未有之美政"。事委鄞民王海粟督造，于当年九月十二日兴工，至十二月初二日告竣。李修浮桥为"碇于岸"之16舟制，系灵桥史唯一一次。重申浮桥内外不许湾泊船只。

康熙二十四年（1685），设浙海关，或许此后某年起于桥堍设口征税，桥亦因此又名关桥。

康熙三十年（1691），分巡道赵良璧将宁波卫署墟地招民造屋，年可得租费十四两零四分，"归鄞县收征，解贮府库，为修葺之用"。

康熙三十二年（1693），知府张星耀捐俸数百金修之。

康熙四十三年（1704），桥西新涨沙涂一方，新增地税银"作岁修需篾缆之用"，又从之前某年起可从浙海关每年领款八十六两六钱四分。

康熙四十三年后至雍正十一年（1704—1733）某年起，设看守水夫十名；嗣后每岁修葺需费或二三百金不等，除海关领款银八十六两六钱四分外，每年修桥所需不足部分由宁波府库负担。

雍正二年至五年（1724—1727），知县杨懿"权宜整修"浮桥。

乾隆十三年（1748），邑诸生张宗瀚、李彦圣等人集资置产成立"长庚会"，在浮桥上添设夜灯。

乾隆三十五年（1770），浮桥"复改造之"。

同年（1770），知县商皓新辟涂租收入共钱一百八十八千三百文，以代替府库停拨所形成的经费缺口。

同年（1770）八月，知府张秉铨重申自南官道头至北官道头的奉化江西岸，永禁填筑，以杜其"近为浮桥害，远贻土塘之忧"，并有告禁碑。

乾隆四十年（1775），创立广济会（又称"草荐会"），置田三亩五分、市屋七间，租钱充费，交关帝庙住僧就近检理，于桥面铺设草荐，以防天雨行人倾跌。

嘉庆年间（1796—1820），修桥两次，其时浮桥为 14 舟制。

道光二年（1822），风水大作，浮桥冲坏尤甚，官民募捐资金，并招民承租涂地起屋，新辟涂租收入以充修桥经费。道光五年（1828）后，"总计新旧涂租及奉发关款，每年可得八百余贯，岁修经费无虑短绌矣"。

道光二年至三年（1822—1823），江东大教场西侧江边有涂地八十一弓五分，因朱、尹二姓控争，由宁波府断出充公归桥厂，由鄞县县令武新安丈量钉界。

道光四年（1824）五月至九月，李可琼、徐桂林等重修浮桥，得复旧制 16 舟制。又设桥厂董事协同办理组织，浮桥实行了民营化管理。李可琼撰有碑记，而桥厂董事及协同办理同立"老江桥厂内勒石碑语"碑。

道光三年至四年（1823—1824），鄞县县令杨国翰勘断乌丰堰涂地归桥厂，租予卢姓，年租费二百千文充浮桥岁修经费。

道光二十一年（1841）10 月 13 日到次年 5 月 7 日，英军占领宁波。"灵桥门外浮桥拆断，泊二桅船一只，火轮船一只，三江口泊二桅船二只，火轮

19世纪40年代的十六舟制之东津浮桥（资料来源：*Narrative of the Voyages and Services of the Nemesis, from 1840 to 1843.* By William Dallas Bernard（1845））

船一只。"

道光二十三年（1843）遭飓风桥圮，绅士王允中等募资重造。

道光二十八年（1848），徐桂林之子徐时栋协同宋绍周、陈鉴等募捐大修。重申禁止桥上摆摊营业，由县出示永禁碑。

同年（1848），周道遵《甬上水利志》刊行。

咸丰中（1856年前后），"量割涂地，售为民业，以所得地价置田八十亩，佃租充费"。

同治二年（1863），连接城厢与江北之浮桥落成，其名新浮桥、新江桥，灵桥因此而被俗称老浮桥、老江桥。

同治五年（1866），设济生公所，公置市屋三间，租钱充费。雇小船两只，日夜轮视，遇有覆船，招呼两岸渡船援救，每救一人，赏钱一千六百文，货物检归原主，酌给酬资。

1879年9月，老江桥拆修，以舟渡人。

1887年，有"监工绅董"为便于桥下行船，提议减去四舟，绅士董沛等

1900年的老江桥（右上角为灵桥门城楼）（美国U&U公司1900年出版）

力陈不可。经知府胡练溪要求"另行公议"后，事罢。

1888年4月29日，美国商人驾驶小游艇回江北外滩，欲尾随大舟通过浮桥以逃费时，被正在合拢的浮桥撞伤，引发中美外交事件。

1889年8月22日到25日，一场暴风雨侵袭宁波及郊区，水位涨得很高，而且水流冲垮了老江桥与新江桥。

1896年10月8日午后雷电交驰，老江桥铁链被潮冲断。

1903年8月15日午时，浮桥倾圮，伤亡者多至二三十人。

1906年12月，涂租加倍征收，由原每间一千四百文加至二千八百文。

光绪三十三年（1907），陈露苓（树棠）在老江桥实测江宽水深潮速，筹划改建方案。

1908年8月26日黎明时，大风吹断老浮桥。

清宣统二年（1910），陈露苓以灵桥改建题，作其于日本东北帝国农科大学土木工程科卒业之论文。此乃《改建江桥有具体计划之嚆矢》。

1911年8月10日傍晚六点，北风怒号，潮流猛急，冲断老江桥铁链，排船多逐潮漂散。

民国

1916年，有商人向清理鄞、慈、镇三县官营产事务所报买滨江庙前江涂一方，欲填筑起屋。城自治委员赵家荪、冯孟颛等呈文反对；商人再以公司名义报买，耆绅张美翊、商会会长费绍冠等又呈文争阻。终经省道县府及浙江水利委员会于次年（1917）裁定，"取消原买执照"，并由县知事勒石，凡新旧涨涂永禁报买，以保浮桥与江塘。

1922年8月6日，飓风坏桥。商民应鸣和即于是月呼吁改建老江桥，旅沪同乡会穆子湘首先赞成，17日函请同乡会开会集议。同乡会遂于27日转函宁波总商会和县议会，9月4日宁波总商会对此做出响应。于是而启改建灵桥第一次筹备行动。陈树棠将其当年的毕业论文及前制之图，分寄甬地各机关。

1926年8月24日、25日，飓风激流冲垮浮桥，造成人员伤亡。甬上改建浮桥原有发起人，复又旧案重提，建议成立桥工局，由此第二次筹备改建行动又兴。

1927年1月14日孙传芳部段承泽占领宁波。2月19日、21日、22日国民革命军省防军、第十九军、第十七军相继进入宁波，宣布进入训政时期。第二次筹备行动又告中止。

1927年7月1日，宁波市政府成立，罗惠侨为首任市长。

1927年8月6日，罗惠侨批转工人顾纪来函致老江桥董事会，称"现在本政府成立伊始，尚未拟有办法。转瞬秋令时届，关系重要，用特函请贵会按照向例，继续维持，即日雇工修理，以免危险而利交通"。

1928年7月10日宁波市建设委员会在市政府东花厅开建设会议，其中担议筹募捐款，改建老浮桥案，际兹建设时期，老江桥确有改设之必要，当推定卓葆亭、濮卓云、陆卓人、刘元瓒等，着手审查后，提交下次会议讨论。

1930年2月11日，市长罗惠侨与桥梁工程师王元龄签订了建筑老江桥设计绘图监督等工作合同，旋因罗氏辞职，不了了之。

灵桥通桥大典盛况（对岸为海曙）（来自李瑊著《宁波旅沪同乡会百年纪》）

  1930年5月，原桥厂司事张赟祥呈请市府兴修浮桥，市长杨子毅两次函请宁波总商会、旅沪同乡会募捐，后于8月23日兴工修缮。

  1931年1月，浙江省政府会议议决取消市政府，归并鄞县政府，同月15日前办结。

  1931年3月8日沪筹备处在上海同乡会馆内召开第一次会议，以此重又开启改建浮桥的第三次筹备活动。

  1933年9月18、19日，台风大作，浮桥被失锚船只冲垮四排，于同年10月初才恢复通行。

  1934年5月11日，灵桥改建工程正式开工。

  1936年6月27日，灵桥举行通桥大典。

  1938年5月25日，灵桥改建工程竣工。

  1936年7月初，临时浮桥拆除，灵桥管理委员会成立。

  1936年7月，应宁波旅沪同乡会之请而由谭泽闿书写、上海瑞昌五金号制作、邓杰卿捐赠的两副四颗紫铜桥名字模，悬诸灵桥东西两端桥门上。

1939年4月28日、5月1日，1940年9月3日，灵桥遭日军飞机轰炸，桥面被炸穿一洞，而周边居民伤亡惨重，建筑被毁无数。

1941年4月20日，日军侵占宁波。1945年9月15日侵驻浙东地区日军在白鹘桥向国军投降。

1946年12月间，灵桥管理委员会募捐经费2150万元，对桥身重新油漆、铺浇两块柏油、修理桥上栏杆及照明电灯等，共费2111.73万元。

1947年3月3日，灵桥管理委员会决定"印发修桥收支账目征信录"一纸，照原纪念册名录分送。

1949年11月22日，"在桥的西部斜坡上被匪机击穿一个直径丈余大洞，纵横交错的钢骨暴露在地面上，人们直见洞下江水"，东段上空钢梁可见一根横梁及桥门横梁被炸断，图左起第三根吊杆破损。桥拱脚处即为施求臧设计的防炸毁所安置的大木箱（石国本收藏并提供）

中华人民共和国

1949年5月25日凌晨，中国人民解放军第22军65师195团占领灵桥东堍后进城。

1949年9月至同年11月，灵桥遭受败退国民党军数次空袭轰炸，灵桥受损严重。自该年12月灵桥周边布置高射炮后，方免再难。

1950年9月8日，市（政治）协商会议建议将新江桥老江桥管理委员会合并为"宁波市江桥管理委员会"，推原"改建宁波老江桥筹备会甬筹备处"主任王文翰为"首次会议召集人"。

同年10月，宁波市政府建设局筹划灵桥、新江桥修理，表示要"推动社会力量，争取（1950）十一月做出计划，在各界代表会议提议修建"。

1951年4月21日至7月5日，灵桥修理工程完成，花费旧制人民币

灵桥东堍。钢结构修复完成，桥名边款已拆。按：据当年报道，大拱梁的截补和桥面的起高是最艰巨的任务，它们都集中于东堍。对比其后续报道描述，可以认为照片所显示的，正是这两个艰巨任务基本完成后的情形。受当年的技术力量所限，东堍北侧拱梁近脚处留下了永久性的变形。但六十多年过去后，这处修复工程并未有过返工，表明当年的修复相当有效（水银收藏）

7.66亿元。

1957年11月，灵桥除锈新漆。

1966年11月，灵桥改名为红卫桥。灵桥两副铜字被拆下，洪可尧嘱桥工妥为保存。

1979年12月24日，宁波市革命委员会第二次办公会议议定，同意市建委、公安局、城建局关于恢复老路名的报告。次年9月10日正式批复，灵桥复名，旧桥名铜字再悬。

1984年8月至9月，灵桥除锈新漆。

1986年5月7日，灵桥接受检测；同年8月，同济大学出具《宁波市灵桥结构质量鉴定报告》。

1994年5月21日起至9月28日，灵桥进行改扩建施工。除去原混凝土桥面板，改为焊接钢板加铺沥青混凝土，人行道由原4.5米加宽至7米，总桥宽达25米。荷载等级提高一倍，至汽-20级。

2003年11月，灵桥整修，进行桥面铺装、拆换栏杆和油漆施工。

2004年9月17日晚，奉化江上游驶来的运沙船撞击灵桥，四小时后始脱困。

2005年3月16日，浙江省文物管理部门公布灵桥为省级文物保护单位。

2005年7月16日起，为减轻灵桥交通压力，"每天7时30分至20时实行单双号通行制"。

修复完成后的情形,东堍(水银收藏)　　1974年的灵桥(图左海曙区)注意桥门架上无字(图像使用权购自宁波市档案馆)

2006年5月25日,宁波市邮票公司发行"灵桥竣工70周年纪念封"。

2006年10月13日,鄞州区交通运输局官网公布了《鄞州区"十一五"交通发展规划》,该规划要求将"奉化江航道等级由6级提高到4级",允许通航船只吨位从100吨提高到500吨。

2006年11月29日,灵桥进行了快速检测。

2007年9月,灵桥封桥大修。

2008年2月1日起,禁止货运卡车通过灵桥。

2008年4月21日涨潮时分,一艘运沙船撞上灵桥,被卡近一小时。

2010年9月2日,一艘458吨的货船撞上灵桥,被卡三小时。

2010年12月11日起,灵桥接受了十几天的检测。

2011年1月18日,一艘总重200吨的货船撞上灵桥,被卡一个半小时。

2011年11月7日,一艘打桩施工船撞上灵桥,"(桥下)桥梁受力构件发生了明显变形,极有可能威胁到桥梁安全"。

2011年11月下旬至2012年1月10日,同济大学出具灵桥特殊检测报告。

2012年1月14日,有关部门决定自1月21日至5月31日灵桥限

1994年夏,灵桥拓宽、换桥面施工中(图像使用权购自宁波市档案馆)　　2005年3月16日,灵桥被公布为浙江省文物保护单位

行减负,实行交通管制,禁止货车通行,17条公交线路亦"实行断面改道"。时满后又宣布"适当延长"。

2012年7月,宁波城管部门决定在灵桥南侧修建临时便桥,便桥建成后,灵桥将封闭大修一年。

2012年9月28日,灵桥大修工程正式启动,在灵桥南侧12米处架设便桥。该临时便桥采用三跨的钢桁梁简支结构,单跨跨径36.576米,总长度112.978米,道路总宽度28.11米,交通断面为双向四车道和两条机非混行车道。

2012年12月6日至12日,天一阁与N维宁波QQ群在鼓楼举办"灵桥百年旧影展",媒体密集报道,观者众多,场面热烈。

2012年12月24日,宁波市城管局举行新闻发布会,正式公布了两侧各拓宽1米(整桥27米宽)、两边拱肋外侧各增加一公交车道的改扩建方案,仍称大修。

2013年1月27日,上午10时许,灵桥便桥搭建工程钢桁梁吊装施工过程中,发生一起钢桁梁坠落事件。

2014年5月24日,宁波市城管局宣布调整后的灵桥大修方案,取消

便桥施工（选自2013年12月6日《南方周末》）

2014年1月10日，被拆解的灵桥

两边各拓宽 1 米的计划。

2013 年 6 月 10 日零时，灵桥便桥通车。同日，主桥封闭禁止通行，施工队伍即将进场对灵桥实施大修。

2013 年 11 月 8 日，在"灵桥大修正式开工至今已有一个月左右"之后，"城管市政部门对灵桥大修方案进行了详细公布"。此后，开始拆卸灵桥。

2013 年 11 月 15 日，浙江省文物局向宁波市文广新闻出版局发出"关于要求做好省级文物保护单位宁波市灵桥修缮工程监管工作的函"，并要求"在施工图备案审核手续完备前暂停灵桥维修工程"。

2013 年 12 月 22 日，开始拆卸"灵桥文物本体部分"。27 日省文物局于当日下午 3 点左右发出"关于暂停灵桥维修施工的函"。拆卸于 31 日才完全中止。

2014 年 3 月上旬，拆卸重新开始。5 月 5 日，拆卸主拱梁。至该年 11 月底，灵桥主体构件被彻底拆解。

2015 年 4 月，江东侧桥基施工时发掘出"建桥纪念碑"，系当年改建开工的奠基石。

附二:所采方志简录

（1）宋乾道《四明图经》：简称乾道志，《宋元四明六志》，咸丰四年烟屿楼校本，宁波出版社 2011 年 5 月版。

（2）宋宝庆《四明志》：简称宝庆志，同上。

（3）宋开庆《四明续志》：简称开庆志，同上。

（4）元延祐《四明志》：简称延祐志，同上。

（5）元至正《四明续志》：简称至正志，同上。

（6）明黄润玉天顺《宁波府简要志》：约园四明丛书本。

（7）明成化《四明郡志》（《宁波府志》）：简称成化志，台北成文公司影印本，约园抄本。

（8）明嘉靖《宁波府志》：简称嘉靖志，日本早稻田大学藏本。

（9）明高宇泰《敬止录》：北京图书馆烟屿楼校本，天一阁伏跗室校本。

（10）清康熙《宁波府志》：简称康熙府志，纂抄本及约园抄本。

（11）清雍正《宁波府志》：简称雍正志，国家图书馆藏本。

（12）清康熙《鄞县志》：简称康熙县志，又简称闻志，上海图书馆藏本。

（13）清乾隆《鄞县志》：简称乾隆志，《续修四库全书》本。

（14）清蒋学镛《鄞志稿》：约园四明丛书本。

（15）清周道遵《甬上水利志》：台北成文公司影印本。

（16）清徐兆昺《四明谈助》：宁波出版社2000年1月版。

（17）清咸丰《鄞县志》：简称咸丰志，天一阁藏本。

（18）清董沛《明州系年录》：宁波图书馆藏本。

（19）清光绪《鄞县志》：简称光绪志，宁波图书馆藏本。

（20）民国鄞县政府建设科编辑《鄞县建设》第一集：1934年11月出版，简称鄞县建设，沈建国提供。

（21）民国《重修灵桥纪念册》：简称纪念册，作者自藏本。

（22）民国《鄞县通志》：简称通志，作者自藏本。

（23）《宁波文史资料》：宁波市政协编辑。

（24）《申报》：宁波图书馆网站。

（25）地方老报纸：宁波图书馆网站、宁波市档案馆。

（26）俞福海编纂《宁波市志》：宁波图书馆。

（27）周时奋编纂《鄞县志》：宁波图书馆。

（28）民国《宁波市政月刊》：简称市政月刊，国图网站。

（29）民国《鄞县县政半月刊》：国图网站。

（30）《宁波旅沪同乡会月刊》：简称同乡会月刊，上图缩微胶卷版。

（31）民国《鄞县县政统计特刊》第二集（1931年度）：简称县政统计特刊二，国图网站。

（32）《甬光初集》：宁波档案馆。

（33）《宁波旧影》：宁波出版社2004年7月版。

（34）《宁波地名诗》：宁波出版社2009年1月版。

附三：1986年实测之桥基高差与位移

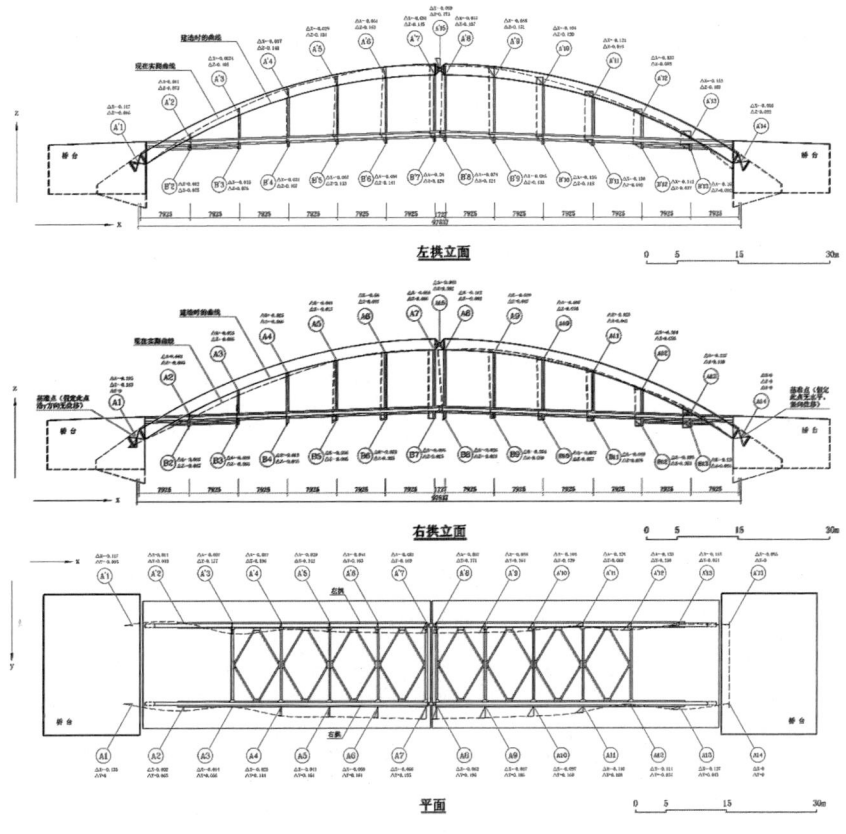

1986年实测桥梁变形图

注：两拱立面图之左为北侧拱梁，右拱立面指南侧拱梁。吊杆编号自西向东升序；编码右上带撇者，为下游侧（北）。据1986年报告所附图纸，由陶海燕、张梦蝶重绘。

X、Y为水平面的两个维度，Z为垂直维度。以东堍南侧拱趾为 $\Delta(X, Y, Z) = (0, 0, 0)$ 米，测得西堍北侧拱趾为 $\Delta(X, Y, Z) = (-0.117, -0.005, -0.016)$ 米，西堍南侧 $\Delta(X,Y,Z)=(-0.135, 0, -0.143)$ 米。负号（-）代表下沉或离开桥中心点的位移。

跋

绝　唱

应鸣和首次倡议改建浮桥时,是新老江桥一同进行,此后乡贤甚至有在三江口作三桥的设想,以为一劳永逸之计。但因需费过巨,当第三次筹备时只以老江桥为改建对象。

灵桥落成时,陈宝麟在《重建灵桥纪念碑》中说:

> 抑有进者,江北新浮桥亦有改作之议,愿邦人乘其余勇,力任其艰,无使灵桥专美于前也,吾日望之矣。

甬沪两地乡绅也确曾有心再接再厉,且于1936的7月8日组织新江桥改建中正桥沪甬两筹备会,委员几乎是原班人马,募捐目标仍为七十万元,但与老江桥筹建不同,其中确定的原则之一是"建桥材料采用国产"(1836年7月9日《时事公报》)。后来,筹委会觉得"再事张罗殊觉非易,现拟呈请省府,准予拨款二十万元"(1937年4月1日《申报》),这显然已现有心无力的疲态。至抗战前,新江桥的筹备一直来没有任何起色。抗战胜利后筹备复起,筹委会与鄞县参议会"拟在汽车轮船票价内,附征建桥经费",交通部不予批准(1947年8月14日《时事公报》)。

新江桥筹委会自成立以来,始终无法放弃从官拨、官制中筹款的念头,反过来说明,他们对复制灵桥筹备模式改建新江桥,早已

View of the Loo Kiang Bridge showing construction in progress.

桥拱拼装完成（近处海曙）（来自1936年6月号《建筑月刊》，李本侹收藏并提供）

丧失信心。

  我们最后一次看到新江桥改建的消息是1949年4月20日[1]。

  至此，灵桥"专美于前"、新江桥瞠乎其后，已成定局。

  新江桥之无法再现灵桥筹备史，最根本的原因，可在第二次筹备的停顿中看出端倪。

  1927年2月19日，北伐军进驻宁波，鄞县议会、各区市民公会（自治公所）等无形解散，本地官绅组建的带有地方自治性质的宁波临时市政府（前身即市政筹备处），在是年3月31日举行就职典礼后的第十天（4月9日），即被解散（《宁波市志》），随之而来的是国民党血腥的清党运动，宁波进入以党治国、以党代国的训政时期，自清末以来的地方自治局面从此不复存在。7月1日成立的宁波市政府，并非由地方选举公推产生，其宣扬的治理理念也与当地先前的实践颇异其趣：

---

[1] "改建新江桥，又有新希望。省建设厅长柳际明，以美援物资项下尚有造桥用之钢架，可资利用改建新江桥之需，唯是项钢架长度是否适用甬江江面，特饬本县速送有关新江桥资料，闻县府已遵令造送云。"（1949年4月20日《宁波日报》）

1960年的新江桥

各人尽各人的力量予市政府以相当的赞助,不但是金钱上而且是精神上,都要把市里的事,当作家里的事一样看待才好。

宁波的市民本有建设的精神,因为一向朦在鼓里,不明真相,所以只知责难,不知赞助。

权利和义务是对等的,而且是连带的,尽了义务便有权利,宁波市民不要把权利放弃才好。[1]

---

[1] 陈辟邪:《市民的权利和义务》。载《宁波市政月刊》创刊号,1927年9月发行。另可见1927年7月的《时事公报》,诸如"一切权力属于中国国民党!中国国民党宁波市党部改组委员会宣传部"的政治宣示广告,不时可见。

灵桥落成情形

  这种理念指导下的施政纲领，唯有一个"收"字诀：收心、收税、收权。这种集权政策，使第三领域里的官民地位开始发生变化，民在第三领域里的空间逐渐被压缩：市民公会没了，议会没了，参事会成立刚一年就被一纸省令给废了，自古皇权不下县的官府手脚伸到乡镇了，民间办的教育会被改为官府的教育局（科）了，公产大多被作为官产了，办报纸设团体要党部核准了，桥厂被收归官有了，为便于推行党化教育大量私立学校都变为市立县立了……另外，收回教会的教育权、收回浙海关原有的地方事务管理权（巡捕、市政），也使得治理结构中的多元化因素渐次消失。可以说，训政时期的宁波民间地方自治之组织与活力反而不如北洋政府时期的。

  从1926年8月重新发起的老江桥改建第二次筹备，到1927年2月才半年工夫便戛然而止，《重建灵桥纪念册》上说是"旋以北伐军兴，战事又起，建桥伟业，至此又告中止"。但事实上，这年的战事在宁波只是军队的进驻，清党所带来的恐慌也迅速即平。但为何在整个宁波市政府存续的43个月里，筹委会蛰居不振、阒无声息？这恐怕并不能完全归咎于罗

抗战胜利后灵桥(东堍)

1988年6月的灵桥(宁波工商行政管理局印行之《宁波市注册商标集》(1988))

惠侨个人缺乏号召力,而应怪罪于罗在任期间旰食宵衣、殚精竭虑所欲树立威权的那个制度、那个政府。

训政时期所确立的政治经济集权体制,逐渐耗尽了民众参与第三领域事务的热情,这不是标志着训政结束、宪政开始的那一部宪法(1947)就可使之立即恢复的;而二十年(1927—1947)里的日本侵华战争,官府税增不已、劝捐无减(市政工程、教育、医疗、慈善、修史、文化、军饷、公债)式的掠夺,加上日益恶化的通货膨胀[1],则极大地销蚀了民间的信任与财源。

所幸,陈宝麟抓住了这二十年时间里民间活力惯性尚存的最后机会,开启了这个城市历史上让市民唱主角且稍纵即逝的窗口期,而甬沪两地的乡贤们似乎也知道这将是他们登台亮相的谢幕之作,他们或父子相继,或夫妻联袂,或兄弟同心,或友情客串,或阖族出动,或同业砥砺,或字号争雄,或隐名相助,输资将财,出谋划策,求同存异,精诚合作,合纵连横,驰骋六合,为我们今人留下这一出惊天动地、荡气回肠的史诗!

因此,凤凰涅槃的老江桥,是清末民初激情四射之地方自治的结晶,新江桥之不得转身,是训政时期万马齐喑之国民党专政的苦果。

1936年4月,鄞县政府曾转请筹委会将(本埠)"劳动服务团体呈请以老江桥改名为中山桥"作为议案。是月29日沪甬筹委联席会议及5月13日甬筹委第7次临时会议,均坚持"定名仍为灵桥,以保古迹"[2]。

先贤对桥名的坚持,使得这曾历千秋而谱写、经百代而吟诵的绝唱,最终成为完美无瑕的标题交响曲——灵桥!

---

[1] 比如油漆一项,1936年时花费3570元,到了1946年底重新油漆桥身时,竟耗1900万元。
[2] 要知道,当年将著名桥梁改名为中山桥,似乎是一种风尚,如兰州的黄河铁桥(1909年落成,1928年改名),漳州通津桥(1925年改建,次年改名);而新江桥,连改建的八字还没一撇呢,改建后的新名字(中正桥)却早已定下了,见1936年7月11日《申报》。

鸣　谢

　　为有着近1200年历史的灵桥立传，其间的史料收集工作量相当大，又因在下一介草民，欲取得官立机构庋藏的档案，难度殊大。好在灵桥果然有灵：凡我有求，必有应者，不管是老宁波人还是新宁波人，不管服务于何种机构，甚至是从未谋面的网友，一听说在下是为灵桥修史而求，无不通融款曲、倾力相助，或贡献真知灼见，或无偿赠予私藏，其支持之热忱、鼓励之真诚、期待之殷切，令人至为感动。

　　完全可以说，离开这一切，拙作根本无法面世。

　　以下是我的一份感谢名单：

　　王依斌、朱永宁、李本侹、陶海燕、沈建国、叶向阳、程健捷、孙武军、徐韧、石本国、陈贤焜、袁良植、邬相栋、饶国庆、王瑞来（乘桴子）、徐家宁、李炬、张双龙、李勇、袁勇、潘丽芬、张梦蝶、周国平、仇柏年、沈国强、付宇斌、龚国荣、钱文华、张波、朱申夫、朱菽剑、龚维林、童银舫、励双杰、方红（一象）、周锐、邬志刚、周慧惠、张爱妮、胡迪军、沈津、周伟琦、季飞达、应定云、王英兴。

　　天一阁、宁波市图书馆、宁波市档案馆、宁波市城建档案馆、宁波市博物馆、宁波帮博物馆、宁波服装博物馆、上海市档案馆、中山大学图书馆。

　　不得不抱歉的是，以上名单并不完整，而且次序也无规则，但请相信，我的感谢是真诚的。

2016年9月9日于味闲庐